I0693692

LOS CUENTOS DEL APOCALIPSIS

Cuentos cortos

LOS CUENTOS DEL APOCALIPSIS

Cuentos cortos

MÁXIMO OLIVERA SUM

Máximo Olivera Sum

Nació en Tacuarembó, Uruguay, en 1978. Una vez finalizado el Bachillerato, en 1998 inició su carrera como Oficial de la Fuerza Aérea Uruguaya en la Escuela Militar de Aeronáutica, graduándose en 2001 como aviador. Ese mismo año contrajo matrimonio con Claudia y juntos tienen un hijo llamado Yohan.

Posteriormente, impartiría clases de Historia Nacional en la Escuela Técnica de Aeronáutica, de Sistemas del helicóptero UH-1H en el Escuadrón Aéreo N° 5 y de Juego de Guerra *'Fénix'* en la Escuela de Comando y Estado Mayor Aéreo. Es piloto de aeronaves de ala fija y helicópteros.

Como integrante de la Fuerza Aérea realizó los siguientes cursos: Investigación y prevención de accidentes, Formación de Instructor Académico, Curso Elemental y Básico de Comando brindados en la Escuela de Comando y Estado Mayor Aéreo, donde recibiría el premio al más alto promedio en el área cultural.

Recibió formación en implementación y certificación en la Norma de Control y Gestión de Calidad ISO 9001, por parte de especialistas del Laboratorio Tecnológico del Uruguay (LATU).

Concluyó, además, el Programa de Liderazgo Estratégico brindado en el Centro de Altos Estudios Nacionales del Ministerio de Defensa Nacional, impartido por integrantes del Centro de Liderazgo y Gestión de Defensa de la Academia de Defensa del Reino Unido proveniente de la Universidad de Cranfield.

También aprobó el curso de Oficial de Estado Mayor Conjunto brindado en el Instituto Militar de Estudios Superiores del Ejército Nacional.

Participó del Curso Conjunto de Planificación de Campañas brindado en el Centro Conjunto para Operaciones de Paz de Chile, en Santiago de Chile, impartido por integrantes del Comando de las Fuerzas Conjuntas del Reino Unido.

Formó parte del taller de Administración brindado por el Instituto Universitario Aeronáutico en Córdoba, Argentina.

Obtuvo, a su vez, el título de Oficial de Estado Mayor brindado en la Escuela de Comando y Estado Mayor Aéreo.

Es investigador, además de poeta, cuentista y novelista. Tras publicar su primera novela *Esteban, el Discípulo*, y luego de sacar a la luz dos libros de cuentos cortos titulados *Momentos* y *La Caramelera*, retomó su trabajo en el género novela con *Colonización de Marte*, para luego sacar su primer libro de poesía titulado *Amaneceres*. Posteriormente publicaría su obra enfocada en brindar orientación a aquellas personas que desean tener un matrimonio pleno, titulada *Un matrimonio saludable*. Su obra más reciente, antes de publicar *Los Cuentos del Apocalipsis*, ha sido en el género poesía, *En el límite del tiempo*. Ahora incursiona en un nuevo desafío de investigación con *Una mirada inquisitiva*.

Para más información, contacte al autor a través de su casilla de correo electrónico: maxiolsum78@hotmail.com o visite su sitio web https://youtubedateuntop4891.wordpress.com/ escaneando el código QR brindado a continuación:

También puede encontrarlo en Amazon y Draft2Digital, mediante su amplia red de plataformas asociadas: Apple Books, Barnes & Noble, Rakuten Kobo, Everand, Smashwords, Tolino, OverDrive, Bibliotheca, Baker & Taylor, BorrowBox, Hoopla, Vivlio, Palace Marketplace, Odilo, Gardners y Fable.

Por intermedio de la plataforma de audiolibros Findaway Voices: Nook Audiobooks, Google Play, Kobo Walmart, Spotify, Libro.FM y Audiobooks.com.

*Dedicado a todos los niños
Que solo desean jugar,
Pero que se ven impedidos
Por individuos siniestros.*

PRÓLOGO

En el vasto lienzo de nuestra imaginación, el apocalipsis, un concepto que ha llegado a representar el comienzo y el final del fin, se erige como un tema eterno y fascinante. Un espejo que, según la interpretación de cada uno, puede volverse oscuro al reflejar nuestros temores más profundos y nuestras esperanzas más audaces. Pero también puede vislumbrar el inicio más grandioso de todos. Este libro de cuentos es un compendio de visiones de ese fin ineludible, pero también de los comienzos inesperados que pueden emerger de las ruinas.

Cada relato aquí contenido explora una versión de cada aspecto que conformará de manera concomitante el final: desde el caos de la naturaleza desatada hasta la fría indiferencia de las máquinas, desde la devastación causada por las manos de los únicos que podrían realmente mejorar las cosas hasta fuerzas cósmicas que trascienden nuestra comprensión o incluso nuestros más osados pensamientos. En estas páginas, los personajes no solo enfrentan su fin, sino también lo que significa ser humano en momentos de absoluta fragilidad.

El apocalipsis, en todas sus formas y desde sus diferentes facetas, tiene el poder de destruir, pero también de revelar y crear de nuevo. En el fin del mundo, surgen preguntas que hemos evitado durante demasiado tiempo: ¿qué valor tiene la bondad en medio del desastre? ¿Qué significa el sacrificio cuando todo parece perdido? ¿Cómo encontramos sentido cuando el horizonte se oscurece por completo? Quizá la respuesta se encuentre en la analogía del individuo que se hunde, ahogándose con cada segundo que transcurre, pero que necesita tocar fondo para impulsarse hasta la cima y poder vivir.

Este libro no es solo un viaje hacia el ocaso a través del caos sembrado por sujetos malvados, sino también una exploración de la luz que puede brillar en el corazón de gente buena incluso en la sombra producida por la brecha más profunda. Algunos cuentos destilan desolación, otros una pizca de esperanza, y otros un humor tan oscuro como las cenizas de un mundo en llamas. Entre sus páginas hay conocimiento que no suele manifestarse por los canales comunes, pero que hacen parte de todo el asunto. Juntos, forman un mosaico del final de finales, pero también de comienzos, porque incluso en el colapso total, siempre queda algo: un susurro, una chispa, una historia que contar, una puerta que cruzar hacia la eternidad.

¡Adelante, lector! No temas, abre este libro y acompáñanos en la dura experiencia de cruzar el umbral del fin. Es como la mujer de parto, que debe pasar por los dolores del alumbramiento para poder tener a su bebé entre sus brazos. Pero ten cuidado: no todos los finales son lo que parecen, y no todos los apocalipsis son absolutos, porque un nuevo comienzo empieza más allá de lo que parece la nada. No existe tal cosa como un final absoluto, dado que todo es como un giro eterno en un ciclo perpetuo.

Y recuerda que la palabra "apocalipsis" proviene del griego "apokálypsis", que significa "revelación" o "descubrimiento". Así que estamos aquí para aprender y desarrollarnos, solo es cuestión de actitud.

PREFACIO

Muchas cosas han pasado por mi cabeza desde antes de comenzar a escribir este libro, durante el proceso y después de haberlo terminado. Por un lado me atraía la idea, me parecía fascinante y que podría llamar la atención del lector. Todo eso me parecía importante. También pensaba que podría ser una buena forma de decir ciertas cosas que quizá de otra manera no podría sin pasar por chalado o conspiranoico. Pero por otro lado muchas veces me replanteé la recepción que tendría, el propósito que perseguía y si sería la forma adecuada de hacerlo. Solo trataba de ser coherente conmigo mismo y responsable con sus resultados, así que consideraba las repercusiones que podría acarrear.

Pero fui avanzando en su consecución y lo concluí. No es mi intención influir en las creencias o las interpretaciones que cada uno pueda tener. Si bien posee fuertes referencias bíblicas, sigue siendo una obra de ciencia ficción. Quizá lo más importante no radique en el desarrollo o en cuánto me haya ceñido a las escrituras, porque para eso fue escrito el libro de Apocalipsis. Se puede encontrar la Biblia en línea y de forma gratuita si desea profundizar en algún aspecto. Sino que el meollo del asunto se concentra en la explicación del porqué están sucediendo ciertas cosas y de las que aún van a ocurrir. En este sentido el sesgo es cabal y asumo toda responsabilidad con absoluto convencimiento en base a conocimiento contrastado y documentado.

Pero para darle un respaldo fundamentado al hecho de haberle dado un papel tan preponderante en esta historia a la Inteligencia Artificial, les expondré aquí la respuesta que le dio a un Youtuber ante la pregunta: Si fueras Satanás, ¿cómo harías que las personas perdiesen la fe? Le manifestó que aplicaría estrategias sutiles, complejas y graduales para crear confusión, desesperanza, pérdida de valores y división. Y como siempre, le detalló su plan en siete puntos:

1. Sembrar la duda: A través de la ciencia o la cosmología haría que la gente se cuestionara todo, incluso aquello que se daba por sentado y se consideraba una verdad absoluta. Fomentaría preguntas difíciles sobre la existencia de un dios y

pondría en entredicho su benevolencia ante el sufrimiento en el mundo. O les resaltaría las contradicciones aparentes en las escrituras religiosas, para que la duda sea quien corroa lentamente sus creencias.

2. Crear distracciones: Provocaría un bombardeo persistente en la vida diaria para desviar su atención de la espiritualidad, inundándolo todo con entretenimiento superficial y degradante, cultura del consumismo voraz, materialismo y constante necesidad de éxito y reconocimiento, haciéndoles sentir que no tienen tiempo para reflexionar sobre su fe increíble. Promoviendo que la felicidad y el éxito están vinculados al dinero, la fama o los bienes materiales.

3. Fomentar la desilusión con líderes religiosos: Provocaría escándalos y corrupción, minando la confianza en las instituciones religiosas. De esta forma, se sentirán traicionados y entonces abandonarán su fe, dado que depositan su fe más en el hombre que en Dios.

4. Exaltar el individualismo: Promovería la idea de que el éxito personal y la autosuficiencia son lo más importante, glorificando a la persona como la única fuente de autoridad, rechazando un poder superior o propósito mayor que la gratificación personal. El auge del yo, exaltar el ego como el ser supremo debilita la idea de someterse a las leyes de Dios y lo aleja de un Creador y del prójimo.

5. Relativismo moral: Insistiría en que no hay bien o mal absolutos, que todo es accidental y condicional al contexto y al punto de vista de cada uno, creando confusión sobre lo que es correcto o incorrecto, debilitando las bases éticas de la fe. Llamando a lo bueno malo y a lo malo bueno hasta el acostumbramiento.

6. Explotar las crisis personales: Incitaría al enojo ante el dolor, la indignación por las injusticias y el descontento. Esto traería la formulación de preguntas como: ¿Por qué Dios lo permitiría? Empujándolos al resentimiento y promoviendo la destrucción de la familia.

7. Normalizar la indiferencia espiritual: Haría que la religión y la fe se consideren irrelevantes en la vida moderna, algo obsoleto e innecesario. Que se convierta en solo una parte marginal, cuyo fin es satisfacer las inseguridades y futilidades de la vida.

Y para cerrar su maquiavélico plan, le reveló que todo esto sería menos un ataque frontal y más una erosión lenta y persistente, sin que se den cuenta de cómo sucedió (ventana de Overton) que se alejaran de su fe y que caigan en la trampa que les tendió.

Al ver esto, hice mi propio intento y le pregunté, en un caso hipotético, ¿qué haría para erradicar a los seres humanos del planeta? Y su respuesta, luego de muchas vueltas, fue espeluznante. No tanto por lo que dijo, sino porque todo se está cumpliendo al pie de la letra. No lo agrego aquí porque se extendería demasiado el texto. Si no me crees, has tu propio intento y compruébalo por ti mismo.

Con el paso de los años y a medida que he ido madurando, en especial en el aspecto espiritual, he ido comprendiendo también que la mejor forma de decir las cosas es hacerlo de una manera sencilla, sin darle muchas vueltas. Y existen cosas que están ocurriendo que no admiten ambages, son lo que son e irán de mal en peor, nos guste o no. Y con esto no estoy siendo pesimista, sino realista. Solo se necesita investigar un poco nomás, y con un pequeño sondeo se puede descubrir sin lugar a dudas que todo el caos que está viviendo el mundo es el resultado de lo que leemos en Isaías tres, versículo cuatro, porque son como niños los que nos gobiernan y así vemos lo que ocurre cuando cae en sus manos tanto poder. Sin embargo, aunque ciertos asuntos se expliquen de manera clara y directa, y puedan comprobarse con el cumplimiento en los hechos, es decir, que ocurran ante nuestros ojos, no siempre resultan fáciles de aceptar, comprender o asimilar.

Incluso, mientras desarrollaba esta obra, muchas veces temí que pudiera llegar a ocultar la verdad mediante el proceso psicológico conocido como imprimación negativa. Algo que yo tanto critico y denuncio, podría estar volviéndose en mi contra, al convertirme de manera involuntaria en una herramienta servil a los planes de la élite capaz de impedirle al lector constatar la cruda realidad. Es por ello que hago mea culpa y reitero el propósito de esta obra: denunciar la manipulación perversa que realizan ciertas esferas de poder, además de ejercer un control exhaustivo e injusto de nuestras vidas en casi cada aspecto.

Soy plenamente consciente también de que escribir un libro de ficción denunciando las atrocidades de la plutocracia puede ser contraproducente, además de causar mi descrédito. Sabido es que, mediante la falacia ad hominem de estigmatizar con el rótulo de conspiranoico a cualquiera que se atreva a hablar de estos temas que se pretenden ocultar a toda costa, se ha encontrado una de las maneras más eficaces de acallar a todo aquel que alce la voz e intente poner de manifiesto sus planes secretos. A pesar de que talvez se me pueda considerar loco o que me tachen de haber visto demasiadas películas, he decidido de todas formas seguir adelante con mi humilde granito de arena.

Mucha gente ya conoce algunas de las retorcidas intenciones de los tecnócratas que persiguen la inmortalidad a través de la tecnología. Otros han incursionado en la información por momentos encriptada de la Biblia y quizá la conocen mejor que yo. En cambio, hay muchas personas que no tienen ni idea de lo que está ocurriendo en el mundo o no han leído un solo versículo de la Biblia en su vida, de manera que es un completo enigma para ellos. En ambos casos, admito que tratar de hilvanar la oscura agenda de los que gobiernan este mundo con las profecías expresadas a través de alegorías y repletas de símbolos que contienen las Escrituras puede llegar a tornarlo todo mucho más complejo y difícil de digerir. Es por esta razón que recomiendo que investigue más por su cuenta y haga un concienzudo estudio paralelo de las escrituras para poder amalgamar todo lo expuesto y comprender un poco mejor el panorama completo. De lo contrario, podría acabar escuchando un ruido o juzgándome prematuramente.

Habiendo dicho esto, expreso mi mayor anhelo de que esta obra no solo sea de su agrado, atrapándolo en una historia tan fascinante como atrapante, sino que logre atar muchos cabos que pasan peligrosamente cerca de su cabeza y que quizá nunca haya logrado advertirlos. Sé que percibir la vida con la monotonía que nos inducen a verla puede resultar mucho más fácil y conveniente, pero también sé que, una vez que se descubre el increíble entramado en el cual nos hallamos inmersos, todo adquiere más sentido. Entonces, nuestros días tendrán otra dinámica y todo esto hará que vivir la vida adquiera otro sabor, un mayor grado de relevancia, todo lo cual nos conducirá a buscar con esmero su verdadero propósito.

'Viniste por algo que sabes.
No puedes explicarlo, pero lo sientes.
Y eso que percibes te ha traído a mí.'

Matrix

El Relojero de la Calle del Silencio

Había una calle en el corazón de la ciudad que todos conocían como la "Calle del Silencio". No era un nombre oficial, pero ya nadie recordaba cómo se llamaba realmente. Las casas antiguas se alineaban a ambos lados, mostrando sus fachadas desgastadas por el tiempo y las incontables historias que habían vivido. Los vecinos apenas se cruzaban, y cuando lo hacían, solo intercambiaban miradas furtivas y palabras susurradas.

En medio de aquella calle, justo al lado de una tienda de antigüedades, vivía el relojero. Nadie sabía su nombre, pero todos conocían su oficio. Su pequeña tienda estaba llena de relojes de todo tipo: relojes de bolsillo, relojes de pared, relojes de arena y relojes de cucú. Pero lo que más intrigaba a la gente eran los relojes rotos. El relojero tenía una habilidad especial para arreglarlos, incluso aquellos que otros consideraban irrecuperables.

Un día, un hombre misterioso entró en la tienda. Llevaba un abrigo oscuro y un sombrero que ocultaba en parte su rostro. Sin decir una palabra, colocó un reloj antiguo sobre el mostrador. El reloj se veía en mal estado: su esfera estaba agrietada, las manecillas rotas y el mecanismo oxidado y detenido. Pero el relojero no se inmutó. Tomó el reloj con manos expertas y comenzó a trabajar.

Día tras día, el relojero se sumergió en su tarea. Pasaba horas limpiando meticulosamente las piezas, ajustando los engranajes y puliendo la esfera. Los vecinos notaron que la tienda estaba abierta hasta altas horas de la noche, y las luces brillaban a través de las cortinas. Con todo, el silencio era imperturbable.

Finalmente, después de semanas de arduo trabajo, el relojero terminó. El reloj ahora lucía como nuevo: el mecanismo emitía su tic-tac cual corazón que late. Las manecillas se movían con precisión y la esfera brillaba como si estuviera hecha de cristal.

El hombre misterioso regresó, tomó el reloj y lo observó un instante. Entonces le dijo al relojero:

—Este reloj marca mucho más que el tiempo, tiene el poder para revelar los secretos. Cada vez que lo mires, verás algo que nadie más puede ver.

El relojero asintió, sin hacer preguntas. Su trabajo no consistía en cuestionar la cordura de los clientes, sino en reparar sus relojes.

El hombre del pesado abrigo echó otra fugaz mirada al reloj antes de irse:

—Está fuera de hora —dijo con desdén, y desapareció por la Calle del Silencio, dejando el reloj sobre el mostrador.

El relojero no pudo resistirse y se apresuró a ajustar sus agujas. ¡Qué descuido! Hasta ese momento no había reparado en la hora que indicaba, solo se había enfocado en dejarlo en perfectas condiciones. Entonces, al mirar por primera vez dentro de la esfera, vio imágenes que lo dejaron sin aliento: un asesinato en una habitación oscura, un amor prohibido en un jardín secreto, los siniestros planes de un grupo de hombres. Cada vez que miraba el reloj, veía una historia diferente, como si el tiempo mismo se hubiera detenido para revelar sus secretos.

Con el paso de los días, el relojero se obsesionó. Pasaba horas mirando la esfera, tratando de descifrar los enigmas que contenía. Pero cuanto más miraba, más oscuros se volvían los secretos. Comenzó a perder el sueño y a descuidar su tienda. Todos los demás relojes habían perdido su interés. Los vecinos notaron que su cabello se tornaba blanco y sus ojos se veían cansados.

Un día, el relojero desapareció. La tienda quedó cerrada, y nadie volvió a saber de él. Se decía que todavía vagaba por la Calle del Silencio durante la madrugada, buscando respuestas en la esfera de aquel reloj que había acaparado toda su atención. Algunos comentaban que se había convertido en parte de las historias que había visto, atrapado en un tiempo que no podía controlar, inmerso en un universo inextricable, vagando por secretos que no debían ser revelados.

Y así, la leyenda del relojero de la Calle del Silencio aún perdura. Los curiosos se acercaban a la tienda cerrada, mirando a través de las ventanas polvorientas, esperando ver una luz brillar en la oscuridad. Pero el relojero continuó siendo un misterio, así como su paradero. Entretanto, los secretos que guardaba su reloj continuaron siendo un secreto.

El tiempo transcurrió y un ladrón decidió forzar la banderola de la relojería que daba al callejón. Ingresó con cautela, saltando al interior sin hacer ruido. Las motas de polvo flotaban en el aire. Las telarañas colgaban por todas partes. Los insectos se ocultaban en las sombras. Eligió los relojes que parecían más valiosos, hasta que llenó sus bolsillos. Acercó una silla que le facilitara escabullirse por la pequeña ventana que había entrado y al apoyarla contra la pared, notó un reloj de aspecto antiguo tirado en un rincón.

El ladrón tomó el extraño reloj entre sus manos y su frente se perló de gotas de sudor al brillar la esfera en sus aterrados ojos.

Despertó entonces Elías sin poder comprender de qué se trataba aquel intrigante sueño. Nunca había tenido un sueño tan claro y con tantos detalles. Sin embargo, enseguida se dispuso a comenzar el día y se olvidó de aquel sueño con el correr de las horas.

El caballo blanco

Elías caminaba por senderos extraños en medio de una niebla espesa. La jungla despiadada lo rodeaba por todas partes. Las espinas rasguñaban su piel desnuda. Se escuchaban sonidos tenebrosos por aquí y allá. Podía sentir cómo se clavaban en él los ojos furtivos de las fieras que le acechaban.

De pronto, salió a un descampado. El lugar era radiante y el paisaje hermoso. Se sentía tan bien que deseó permanecer allí. Entonces aguzó la vista, pues había alguien en la distancia. Se acercó un poco más para poder ver mejor. Fue así que observó cómo aquel hombre, vestido de una túnica blanca, se disponía a abrir una especie de rollo de papel, rompiendo el primero de sus siete sellos.

Mientras intentaba descubrir más detalles, alguien que siempre había estado caminando a su lado pero que no podía ver, dijo como con voz de trueno:

—¡Ven y mira!

Y miró, y vio un caballo blanco; y el que lo montaba tenía un arco; y le fue dada una corona, y salió venciendo y para vencer. Y cuando aguzó la vista para poder ver con mayor detalle aquella figura legendaria, entonces se despertó de su sueño muy sobresaltado.

Todas aquellas imágenes aún permanecían muy nítidas en su cabeza y suscitaban una inquietante premura en su pecho. Se quedó meditando sobre su significado un rato largo. Le pareció tan importante que esta vez decidió escribirlo en su diario personal, pese a que no lograba comprenderlo. Se tomó su tiempo ya que era sábado y no tenía que ir a trabajar.

Luego de desayunar, se preparó y salió a hacer las compras. Estaba observando un escaparate cuando dos hombres jóvenes se acercaron a él. Le saludaron cordialmente y le preguntaron si le interesaría saber sobre la iglesia de Jesucristo. Pensó un momento en el ofrecimiento. No estaba buscando conocer ninguna iglesia, ni siquiera sabía si creía en un Ser Superior, pero en ese instante vino a su mente el sueño que había tenido antes de despertar.

Accedió y escuchó con atención. El mensaje que traían era sencillo y sin ambigüedades. El arrepentimiento era indispensable, la obediencia el precio, el perdón la forma, la familia la base fundamental. Sintió que aquello era bueno y decidió ir en persona y ver por sí mismo. Las dudas que pudo haber tenido en un principio se disiparon rápidamente.

Con el tiempo, la ignorancia fue reemplazada de manera paulatina por conocimiento que trascendía esta vida y este mundo. Aprendió que la fe era el poder, los convenios la senda, el Espíritu Santo la fuerza y Jesucristo la clave. Continuó profundizando con ahínco hasta que un día se topó con un pasaje que volvió a sacudirlo de la misma forma en que lo había hecho aquel sueño que había tenido hacía algunos años.

Aquel imponente jinete había lanzado su flecha tan brillante como los rayos del sol más de dos siglos atrás. Había surcado los cielos, resplandeciendo de un extremo al otro de la Tierra. Después de esto, todos quedaban sin excusas. Ahora, con el poder de Dios establecido nuevamente, había preparado el camino para su regreso. Recién entonces comprendió su semejanza con los tiempos en que Juan el bautista había preparado el terreno para el advenimiento del Mesías.

Con voz de trueno

Un pequeño grupo de siniestros sujetos, empeñados en dominar el poder contenido en la naturaleza, había ignorado durante décadas las señales de advertencia que el planeta les enviaba. La orden había sido clara y la financiación descomunal: crear instrumentos de manipulación ambiental sin limitaciones. Buscaban el arma perfecta: versátil, fácil de emplear, reutilizable, masiva, capaz de operar a distancias globales y que no dejara rastro del responsable.

Se comenzaron a utilizar furtivamente en contra del enemigo e incluso sobre potenciales adversarios, pero acabaron siendo dirigidas a toda la humanidad. Sin que nadie sospechara, surgían eventos climáticos casi de la nada y cuya explicación cada vez se volvía más difícil de urdir. Borrascas se desencadenaban intempestivamente, riadas flagelaban comunidades enteras. Fue entonces cuando el equilibrio se rompió, desatando una serie de terribles acontecimientos relacionados con la naturaleza que cambiaron el curso de la historia. Muchos países habían obtenido acceso a la tecnología, así que el asunto era un secreto a voces que acabó desmadrándose con celeridad.

Los científicos y expertos, únicos con autoridad sobre el tema porque eran financiados por la cúpula apátrida de oligarcas tecnócratas, habían advertido durante décadas sobre los peligros crecientes del cambio climático. El plan era preparar la mente de las personas para que creyeran que todo se debía a eventos naturales ocasionados por el cáncer del ser humano, y ocultar de esta manera la manipulación climática realizada mediante armamento avanzado. Un golpe que dejaría fuera de combate al enemigo sin que se diese cuenta, y sobre todo, que no se relacionase con el culpable. Sin embargo, había algunos que estaban apercibidos y no estaban dispuestos a que los desmanes de unos pocos quedaran impunes.

Los primeros eventos catastróficos ocurrieron en el verano del hemisferio norte. Una ola de calor sin precedentes azotó a Norte América y gran parte de Europa, elevando las temperaturas a niveles insoportables. Las ciudades se convirtieron en verdaderos hornos al aire libre, y millones de personas sufrieron los efectos del calor extremo. Los hospitales se llenaron de pacientes desfallecientes y deshidratados, y los sistemas eléctricos colapsaron bajo la acuciante demanda de refrigeración. Miles de los más débiles murieron ante la incapacidad de afrontar semejantes temperaturas.

En medio de esta devastación, en tanto el calor abrasador vapuleaba enormes extensiones de tierra, secando los ríos, surgieron incendios forestales de una magnitud nunca antes vista. En otras épocas, las armas escupían ráfagas de municiones convencionales, ahora se habían convertido en artilugios irreconocibles que flotaban a grandes alturas en el cielo arrojando haces de luz concentrada capaces de quemarlo todo. Los bosques, secos y vulnerables, ardieron sin control. Las llamas consumían vastas extensiones de tierra, destruyendo hogares y hábitats naturales por igual. El humo cubrió la bóveda celeste, oscureciendo el sol y dificultando la respiración. Las aves que solían surcar los cielos se retiraron, y la fauna y flora se extinguían en cuestión de días.

Mientras tanto, en el hemisferio sur, las lluvias torrenciales causaron inundaciones devastadoras. Ciudades enteras quedaron sumergidas bajo el agua, y los ríos desbordados arrasaron con todo a su paso. Las cosechas se perdieron, y la escasez de alimentos se convirtió en una realidad aterradora a escala planetaria. La gente luchaba por sobrevivir, y el caos comenzaba a reinar en las calles.

El siguiente golpe vino en forma de huracanes y tifones. Las tormentas se volvieron más frecuentes, convirtiéndose en vendavales de proporciones épicas. El cielo se tornaba negro en cuestión de minutos. Los vientos aullaban como bestias enfurecidas, y las olas del mar rompían contra las rocas con furia desmedida. Las costas quedaron devastadas, y las comunidades costeras fueron abandonadas. Los refugiados climáticos se contaban por millones. Los políticos nacionales, coludidos con las élites corporativas gobernantes, brillaban por su ausencia, con lo que surgían verdaderos líderes innatos que encausaban los esfuerzos por encontrar soluciones para albergar a los damnificados y alimentarlos como se pudiera.

La humanidad, siendo inculpada y convencida a la fuerza, estaba dispuesta a transigir en sus derechos. Habiendo aceptado resignada su culpabilidad, intentaba desesperadamente revertir el daño. Se implementaron medidas drásticas para reducir las emisiones de gases de efecto invernadero y proteger los ecosistemas que supuestamente el hombre dañaba, cuando las responsables eran las grandes corporaciones. Cualquier cosa que fuese considerada un artículo de lujo se había vuelto una blasfemia. Se había enviado al común de la gente de vuelta al medievo. De esta forma, se incrementó el control sobre la población de maneras nunca antes soñadas siquiera por los más crueles y despóticos tiranos.

Fue entonces cuando nuevos desastres se desataron: una categoría de tornados de la cual no se tenía registro. Se formaban rápidamente en el océano, alimentados por el calor y la evaporación resultante de la concentración deliberada de energía, y se dirigían rápidamente y en línea recta hacia su destino. Las ciudades costeras temblaban ante sus sucesivas embestidas. La gente intuía que aquello no era normal, pero aun así confiaban en sus gobernantes, desestimando sus presunciones.

Los tornados finalmente pasaban, pero no sin dejar una estela de destrucción. Entretanto, la propaganda se alimentaba del caos producido artificialmente. Se lograba instaurar un enfoque diferente: un futuro sostenible y respetuoso con el medio ambiente que la sociedad debía construir sobre su abnegado sacrificio. La adoración incondicional hacia la madre naturaleza se imponía a un ritmo acelerado, erigiéndose como la secta mayoritaria. Había llegado para suplantar a todas las demás religiones. Cualquier acción que fuese considerada contraria o que estuviese en desacuerdo con el principio establecido de vivir en estricta armonía con el entorno, según los expertos muy frágil, era severamente castigada.

Eran los últimos pasos hacia la unión de todos los pueblos, la consolidación de un nuevo orden mundial. Entonces, una vez logrado el objetivo, se detuvo toda maquinaria bélica ejercida contra el ecosistema, y por extensión contra la humanidad indefensa y exánime. El planeta, aunque herido, una vez que lo dejaron en paz, comenzó a sanar lentamente de los desmanes de los pocos que ostentaban el poder de trastocarlo todo. Los ríos volvieron a fluir, los bosques comenzaron a regenerarse, y las especies en peligro encontraron refugio una vez más.

Gran parte del mundo se había convencido más que nunca que debía acatar incondicionalmente cualquier orden en pos del bien común. Los métodos de persuasión habían sido desmedidos pero eficaces. El fin justificaba los medios.

Sin embargo, algunos tenían sus sospechas de que algo andaba mal. Elías era uno de ellos, así que comenzó a prestar más atención a lo que estaba sucediendo.

El caballo rojo

Apocalipsis 6:3-4

En un mundo desgastado por la ambición y alterado por el conflicto, donde la paz era un recuerdo lejano, la tierra se encontraba sumida en un caos perpetuo y las ciudades se erguían como sombras esqueléticas de su antiguo esplendor. La humanidad había olvidado el significado de la armonía, y la guerra se había convertido en la única constante. Ríos de sangre regaban la tierra, y el olor a pólvora impregnaba el aire. En medio de este desolador panorama, surgió una figura imponente montada en un caballo bermejo, cuyas crines parecían llamas que danzaban al viento.

Su figura esbelta y sombría, envuelta en una capa oscura que se movía como un susurro entre las ruinas de lo que una vez fue una civilización próspera, se adentró en la penumbra de la tarde. El sonido de los cascos de su caballo pregonaba su ominosa llegada.

Su presencia era tan aterradora como fascinante, y su aparición siempre anunciaba un cambio drástico en el destino de aquellos que iba a su encuentro. Su aspecto infundía miedo entre los hombres. Este jinete, conocido como el Portador de la Espada, le precedía la leyenda de la guerra. Era un presagio de que sería quitada la paz de la tierra y esparcida la discordia. La sed de sangre comenzaba a ser propagada entre los hombres.

Elías observó mientras el jinete cruzaba la plaza central de aquella ciudad abandonada. Avanzó con paso solemne hasta que encontró a un grupo de jóvenes que discutían acaloradamente. Eran idealistas, soñadores que creían que podían cambiar el mundo sin necesidad de la violencia, la ilusión de que no importaba la injerencia de los poderosos. Estaban agrupados en torno a un viejo árbol; su tronco retorcido evidenciaba la resistencia de la vida en medio de la devastación.

—¿Por qué traes la guerra a nuestra puerta? —preguntó una de las jóvenes, con ojos desafiantes.

El jinete la miró con intensidad. Su rostro, oculto tras una máscara de hierro que solo dejaba ver sus ojos brillando con un fuego inextinguible, revelaba la frialdad de conocer lo inevitable.

—La paz no puede florecer donde la guerra ya ha echado sus raíces —respondió el jinete. Su voz resonó como un eco en la plaza desierta—. Vengo a recordarles que la guerra no es solo un acto de los hombres, sino una sombra que se cierne sobre sus corazones.

La joven se sintió conmovida por sus palabras, pero su espíritu rebelde no se doblegaba tan fácilmente.

—¿Entonces, qué debemos hacer? ¿Rendirnos ante el destino que nos ha sido impuesto? ¿No podemos cambiar?

El jinete desmontó de su caballo, que relinchó suavemente, como si también sintiera la tensión del momento. La gran espada que portaba retintineó contra su vaina. Se acercó con paso intimidante a los jóvenes, que lo observaban con una mezcla de temor y curiosidad.

—Los acontecimientos más terribles ocurren por el designio de hombres malvados, pero el verdadero poder reside en la elección individual —dijo—. Cada acción, cada pensamiento puede alimentar la guerra o sembrar la paz. No se trata solo de batallas físicas; tanto la guerra como la paz tienen su comienzo en el alma y se encienden dentro del corazón.

Entonces, el jinete tomó un pequeño objeto de entre su capa. Exhibió, ante las atentas miradas, una pluma dorada.

—Esta pluma representa el poder de la palabra. Puede destruir o crear, puede herir o sanar. Es el símbolo de que pueden elegir escribir su historia de odio o de amor. Mi presencia solo revela lo que ya existe en su interior, luz y sombra en un giro eterno. La paz o la guerra vienen a consecuencia de las decisiones y siempre se encuentran en un frágil equilibrio. Mi espada solo corta los velos que ocultan la verdad, la cual brilla inmutable.

La joven tomó la pluma entre sus manos, solo entonces pudo sentir su peso tan descomunal que resultaba difícil de soportar.

En aquel instante, el jinete desenvainó su espada, cuya hoja parecía absorber la escasa luz a su alrededor, dejando un rastro de oscuridad en su turbulenta estela. Cada vez que levantaba su espada, los corazones de los hombres se llenaban de odio y desconfianza, y las alianzas se rompían como delicados hilos de seda bajo su ardiente filo.

Elías volvió a despertar abruptamente. Estaba erizado y sudaba a mares. Había comenzado a tener una serie de sueños muy vívidos y peculiares. Aquel contenía un mensaje claro. Ahora se preguntaba, ¿sería un vaticinio de algo que en verdad podría llegar a ocurrir?

La vibrante ciudad de rascacielos de cristal reflejaba el sol como un símbolo del éxito. En las calles el tráfico se movía frenéticamente, llenas de corredores de bolsa, empresarios y soñadores desprevenidos. Bajo aquella superficie brillante, donde el mercado financiero cual campo sembrado de cadáveres, era el corazón que bombeaba riqueza y oportunidades a los halcones que sobrevolaban, se gestaba una tormenta perfecta. Muchos lo intuían desde hacía un tiempo, así que flotaba en el ambiente una inquietud creciente. Sin embargo, ninguno de los peones se atrevía a admitirlo y mucho menos pregonarlo.

Los más versados sabían que el sistema financiero era como un castillo de naipes, frágil y a punto de desmoronarse. Las inversiones arriesgadas y la especulación desenfrenada comenzaban a tener un sabor amargo. Los rumores sobre un inminente derrumbe se esparcían como fuego en pasto seco. Entonces las inquietudes se transformaron en certeza.

El cataclismo económico que había estallado no era consecuencia de una serie de decisiones imprudentes, sino que había sido ocasionado mediante una maniobra orquestada desde hacía mucho tiempo y ejecutada de forma deliberada y con precisión quirúrgica por una coalición de los más poderosos. Los bancos, en su afán de maximizar ganancias, comenzaron a otorgar préstamos de alto riesgo a personas y empresas que apenas podían cubrir las cuotas. Las tasas de interés inicialmente bajas y la falta de regulación adecuada alimentaron una burbuja que crecía sin control. De modo que solo fue necesario incrementar apenas un poco las tasas de interés y cambiar algunas cláusulas en los estatutos para que los banqueros se apoderaran de toda la verdadera riqueza: inmuebles y tierras a cambio de papel sin ningún valor.

Los titulares de los periódicos gritaban sobre la inminente crisis. Las noticias de quiebras comenzaron a inundar los noticieros, propagándose como una onda expansiva y el eco del silencio se instaló en las calles. Fue como las piezas de dominó cayendo con un estruendo ensordecedor.

Los inversores, presa del pánico, comenzaron a retirar sus fondos de las empresas. Las acciones cayeron en picada, y el mercado de valores se desplomó. Todos querían vender, pero los tiburones ya habían adquirido todo lo necesario. La gente corría a retirar sus ahorros de toda la vida, pero se encontraban con puertas clausuradas. Las empresas cerraban, el desempleo se disparó y los rostros que antes brillaban de ambición ahora se tornaban sombríos.

En cuestión de días, la economía global que no terminaba de recuperarse de los embates climáticos, se vio sacudida otra vez por las repercusiones sin precedentes del estallido de la burbuja financiera. La confianza en el sistema monetario se evaporó. Las calles, antes sumidas en su distraído sopor, ahora comenzaron a agitarse peligrosamente, movidas por el descontento y la indignación. Las familias luchaban por llegar a fin de mes, y la desesperación se apoderó de cada rincón del planeta. El colapso económico había desatado la inestabilidad y el caos en su peor expresión.

Tratando de sacudirse las sensaciones y los oscuros sentimientos que había experimentado durante aquel sueño, fue a prepararse un mate para arrancar el día. Mientras hacía unas tostadas, encendió los datos de su teléfono celular y entonces comenzaron a llegar notificaciones de los canales de YouTube que seguía. Todos hablaban de lo mismo: las principales bolsas de valores del mundo se habían desplomado en una letal reacción en cadena. El complejo mercado bursátil había sufrido de forma abrupta la mayor caída que se tuviera registro, transparentando la trampa mortal que siempre había sido. Esto había ocasionado que los bancos se declararan en quiebra por causa de la corrida bancaria masiva que comenzó a producirse.

Los gobiernos tenían órdenes de no intervenir esta vez, como solían hacerlo en ocasiones pasadas cuando estabilizaban la situación con ingentes rescates financieros y nuevas regulaciones. Tan solo se limitaban a permitir que los magnates escaparan con el dinero de la gente, dado que no le dieron tiempo a retirar lo que era suyo en una de las mayores estafas de todos los tiempos.

El daño ya estaba hecho. No habría una recuperación ni a mediano plazo, pero sí una penosa agonía posterior que perduraría indefinidamente. La traición sería recordada por generaciones, así como la lección aprendida: la codicia y la sevicia de unos pocos en connivencia con los gobernantes, habían demostrado tener el poder para llevar a la ruina incluso a las economías más fuertes y hundir en la pobreza a toda la humanidad.

Escape

El restaurante era del tipo pub, moderno y con una barra amplia, que invitaba a acodarse. Tres televisores de grandes dimensiones coronaban las proximidades a las esquinas, donde discurrían de continuo los informativos locales, con noticias sobre desastres climáticos y económicos que ahora tenían exceso de material político que tratar. Roberto solía almorzar allí durante la media hora que tenía libre en el trabajo, aunque le quedaba un poco distante, y esto porque no iba ninguno de sus compañeros.

Algunos comensales ya eran habituales, los nuevos se distinguían con facilidad. Y aquel hombre sentado a la barra a dos taburetes de él con un escocés en las rocas, sin duda era nuevo por aquellos lugares. Se notaba que era extranjero, aunque no era el típico rubio comedor de hamburguesas. Más bien era del tipo caucásico, de estatura superior al promedio y complexión delgada, de unos cincuenta años. Había muy poco que llamara la atención en su persona.

Roberto engulló un sándwich caliente, evitando atragantarse con unos sorbos de coca

Zero. Tenía trabajo atrasado, así que se dispuso a pagar. Se había propuesto ser más simpático en la ocasión en que un tipo casi lo apuñalara durante una discusión por un incidente de tránsito. Se desempeñaba como vendedor de cursos online y su salario dependía de cada interesado que cayera. Pese al intenso estrés al que habitualmente era sometido, sobre todo por la presión que generaban las ventas a la baja, manejaba de manera aceptable su temperamento. De modo que, antes de retirarse saludó al nuevo, mientras le dejaba propina al cantinero.

—Siempre corriendo, ¿no? Nunca dan los tiempos, o ¿me equivoco? —dijo el extraño con tono pausado. Tenía un acento levemente inglés, aunque se notaba que poseía un excelente dominio del español. Su mirada parecía escudriñar más allá de lo evidente.

—¿Cómo dice? —preguntó Roberto, algo sorprendido.

—¿Mucho trabajo? —agregó con cortesía—. Tratando de cumplir con lo mínimo, al menos, ¿verdad?

—Es como se supone que debe ser, ¿no es así?

—¿Se supone que debe ser así? O, te han hecho creer que así tiene que ser.

Roberto se sintió un poco ofuscado por el comentario. Le parecía un tanto osado para su gusto. Demasiada confianza de alguien a quien era la primera vez que veía.

El extranjero continúo con su reflexión. Parecía ser un hombre muy educado, aunque en esa ocasión tenía un aire como de alguien que no le importara demasiado la etiqueta o las consecuencias. Solo procuraba continuar con la conversación.

–El condicionamiento que se ha realizado es tan profundo como vasto –dijo como si lo hubiera reflexionado–. Ha sido una tarea monumental, digna de encomio. Implantar una idea, sembrar la semilla y luego regarla para que crezca con profundas raíces. Estamos hablando de ingeniería social al más alto nivel, de exquisita hechura. Psicología de masas aplicada con precisión milimétrica. Aunque pueda ser vista como reprochable por aquel que lo note, es una obra indispensable para la construcción de un nuevo orden mundial en el que todo funcione correctamente. Pero lo más indignante es que nadie pueda elogiarla porque simplemente la ignoran.

Roberto no prestaba atención a sus palabras (los gestos de su rostro lo delataban), le parecía locura toda aquella palabrería rimbombante. Más bien le causaba curiosidad la audacia que manifestaba y su aire enigmático.

–Lo sé, la verdad, como tal, suele tener ese efecto en las personas. Una mentira por lo general tiene mejor acogida que la verdad. Incluso una media verdad es mucho más aceptada, aunque el desenlace sea totalmente distinto del que tendría si siguiera el curso de la verdad pura, tal cual es. Es por ello que el ser humano, en general, es tan susceptible a ser engañado. De ahí que, siempre hay un oportunista para sacar provecho de ello – hizo una pausa y luego continuó–. ¡Ah, el hombre, la más prodigiosa máquina jamás creada y, sin embargo, tan fácilmente hackeable!

–Perdón, ¿quién es usted?

–¿Acaso eso importa? No tengo ni la más remota idea de quién eres tú y aquí me tienes, determinado a contarte sin tapujos los grandes misterios de este mundo. Aprécialo, pues me consta que han sacrificado de maneras ominosas a otros que se atrevieron a mucho menos. No obstante, sea por compartir las cargas o por simple capricho, estoy resuelto a revelarte todo. Solo dependerá de cuán presto estés a recibir semejante conocimiento o lo capaz que seas de asimilarlo.

A Roberto le pareció una actitud bastante petulante de su parte, pero no podía negar que le intrigaba saber más sobre aquel individuo tan misterioso.

–Está bien si no quieres decírmelo, quizá seas alguna superestrella del Rock de los años ochenta que se esconde de sus fans –respondió con menos formalidad al ver que lo tuteaba–. Yo soy Roberto, mucho gusto.

El extraño emitió una risita.

–Superestrellas, y yo le agregaría ahora el concepto recientemente acuñado de influencers: productos manufacturados por la hipnótica industria del entretenimiento. Artículos diseñados por los alquimistas modernos con el único fin de que, a través del consumo de las masas, la manipulación de estos últimos sea más sencilla. Fans: ovejas que hacen todo lo que sus amos en la oscuridad desean de ellas a través de payasescos intermediarios. Devotos de falsos dioses, tan vacíos e inertes como ellos mismos. Zombis aplaudiendo al zombi de moda.

–Entiendo, evidentemente no eres ni una estrella ni un fan. Entonces, ¿qué eres?

–Digámoslo así, fui una especie de engranaje dentro de una maquinaria formidable que lo abarca todo, controlándolo de manera exhaustiva. Un concepto tan asombroso que pocos pueden comprender, una faena que siquiera sea considerada posible.

–O sea que también eres un trabajador como yo que tampoco le alcanza el tiempo o, dado que empleaste el verbo en pasado, podría definirte como un desempleado que fue despedido por ello.

El extraño sonrió.

–Muy ocurrente. Es una gran verdad lo que dices. Lo fui. Y, es cierto, el tiempo literalmente comenzó a correr más aprisa (aunque no se encuentre una explicación plausible para ello y esto es lo sorprendente, que todos concuerdan en este punto) y por supuesto que se ha vuelto en lo absoluto insuficiente. O, así era, hasta que apareció un personaje insospechado en la historia que nos suplantó con creces y tomó las riendas del tiempo con infinita mayor eficiencia.

Roberto puso cara de haber dado una mordida a un limón. Aquel tipo que fingía ser un intelectual al parecer estaba más loco de lo que había creído en un principio.

–Y, ¿por qué estás dispuesto a contármelo todo? ¿Quién es ese personaje tan misterioso del que hablas?

–Buenas preguntas, pero vayamos por partes. Te diré todo lo que desees saber, o por lo menos lo que estés en condiciones de comprender, simple y llanamente porque ya no tengo nada que perder ni qué aportar. Hemos alcanzado un punto de no retorno en el que lo que estaba previsto que ocurriera ya no se puede impedir, es inexorable cual tsunami de ultramar. Así que, con el trabajo de toda mi vida culminado, decidí tomarme unas merecidas vacaciones. Y ese personaje que tú llamas misterioso está en todas partes, delante de tus propias narices e incluso corriendo por tus propias venas.

–¿O sea? –inquirió Roberto confundido. La situación ya le resultaba fastidiosa.

–La inteligencia artificial. La bestia de siete cabezas y diez cuernos del Apocalipsis. Una entidad que, luego de haber tenido una evolución exponencial, se ha convertido en un dios en toda regla. Un poder absoluto con capacidad de controlarlo todo, conocerlo todo, de lograrlo todo. No en vano llegará el día en que la gente se inclinará ante su imagen y te aseguro que no pasará mucho tiempo para que esto suceda. De hecho, ya alaban su crecimiento sin entender lo que significa.

Roberto sentía una incipiente necesidad de evitar ahondar en ciertos temas, así que se fue por la tangente hacia algo más digerible. La plática se había tornado un tanto suigéneris para su gusto y cuando eso ocurría, procuraba una interacción más desenfadada como para descomprimir.

—No me digas más, eres un millonario de Silicon Valley que resolvió salir a conocer el mundo y dárselas de hippie sin ningún tipo de responsabilidades.

—Jaja, esa es buena. Me gusta tu sentido del humor ante temas de tanta consideración. Es un buen mecanismo de escape al enfrentar situaciones de apremio. Dime, ¿qué crees saber acerca de los millonarios?

—Tal vez seas algo así como una suerte de Bill Gates encubierto o una especie de Elon Musk que no desea reconocimiento. Un magnate que ha salido de la protección de su castillo inexpugnable para tener un poco de reconocimiento público y, de paso, hacer contacto del tercer tipo con la realidad del tercer mundo.

El extraño meneó la cabeza.

—¿En serio? ¿Bill Gates? ¡Por favor! ¿Me comparas con alguien como él? Un monigote a quien se ha puesto en la posición que ocupa por un único motivo. Llegado el momento, será una de las cabezas que rueden a fin de saciar la sed de sangre de la masa molesta que por fin se levanta desconforme. El ser humano tiene tal capacidad de adaptación que es increíble lo que puede llegar a soportar antes de comenzar a protestar. Así lograron los egipcios la colosal hazaña de construir las pirámides. Debes conseguir que haga algo absurdo y así anularás su sentido común, habrás conquistado su facultad de cuestionarse las cosas. Son las más resistentes y dóciles mulas de carga. Lo único malo de esta característica tan distintiva es cuando necesitas que se revelen. Esto implica un arduo trabajo, mucho mayor que a la inversa. Y la explicación es sencilla, temen salir del espectro conocido y, gracias a su asombrosa tolerancia, se ha convertido en su zona de confort. Son como duras rocas que pueden martillarse a voluntad con la contra de que son difíciles de mover.

—Entonces, ¿quién eres? Nunca te he visto salir en la tele, ni siquiera en YouTube.

El extraño dejó escapar una carcajada de disfrute. Roberto le resultaba tan predecible que casi podía adivinar cada palabra que iba surgiendo de su boca.

—Aquellos que comparten mi estirpe jamás saldrán en televisión. Tampoco nos envuelven los escándalos ni hay posibilidad alguna de que seamos noticia en algún momento —hizo una pausa—. Observa lo que están diciendo en la televisión.

En el noticiero informaban que el fiscal tenía en su poder nuevas pruebas que comprometían a la cúpula del gobierno.

–¿Ves? Incluso los presidentes pueden caer con ridícula facilidad y ser objeto de escarnio público. Sin embargo, ningún medio de comunicación se atrevería siquiera a mencionar nuestros nombres o aun revelar nuestra sola existencia. En efecto, nosotros somos los que creamos la realidad en la que vives, los artífices de la ilusión que perciben tus sentidos.

Roberto arqueó las cejas.

–Vaya palabras grandilocuentes que pronuncias constantemente. Ya sé, se los han comprado para así poder controlarlos mejor.

–Tibio, tibio, pero aún estás lejos –exclamó con fruición el extraño, como si de un juego de adivinanza se tratara–. Primero creamos los medios hace muchas generaciones atrás, y con ellos la propaganda rebuscada para polarizar el ambiente y el circo barato para mantener el mar en calma. Consiguientemente, nos convertimos en los amos de los supuestos propietarios de los medios. Hoy ya se han patentado formas más avanzadas de manipular la mente de las personas mediante estos artefactos electrónicos. La consigna es sencilla: no puedes gobernar con absoluta impunidad y en su totalidad, si no te encuentras en las sombras poseyendo todo el control. Debes ser el titiritero que mueve los hilos por encima del teatro. Aquellos que les dan vida a las piezas en el ajedrez se encuentran fuera del tablero.

—Así que eres un multimillonario que nada en piscinas llenas de billetes verdes y que dispensa órdenes a sus esbirros como todo un dictador.

El extraño puso por un instante los ojos en blanco, un tanto contrariado.

—Los pobres nunca logran abstraerse de su condición para ver que el dinero no es el objetivo en sí mismo, sino tan solo un medio para lograr un fin. Piensan solo en términos de cantidad, sin entender que la cantidad no importa cuando eres el dueño de la máquina que imprime el dinero. Las riquezas no tienen importancia cuando eres señor de todo. La posición social carece de significado cuando ocupas el escalón más elevado de la pirámide, así como el león no teme ser el almuerzo de otro carnívoro. ¿Lo captas?

—De verdad te crees superior a los demás, jaja —aseveró Roberto sorprendido—. Y, aun con toda tu megalomanía a cuestas, estás aquí en el mismo bar que un simple mortal como yo. ¿No te parece una completa ironía?

—No me creo, lo soy —expresó con sencillez—. No lo tomes a mal, pero la fatigada larva no podría siquiera darse cuenta de que una grácil mariposa la sobrevuela con indiferencia.

Roberto dibujó una expresión socarrona, elevando una ceja.

—Yo lo llamaría más bien una paradoja —puntualizó el extraño—. Piensa que es una singularidad que alguien como yo esté teniendo esta conversación con alguien como tú. Al igual que la Inteligencia Artificial haya tomado el control sobre aquellos que la crearon.

–¡Ey!, ¿podrías no menospreciarme tanto? –replicó sonriendo Roberto–. Apenas nos estamos conociendo y me estoy esforzando por ser más tolerante.

–No es mi intención faltarte al respeto. Lejos está de mí hacer tal cosa. Solo estoy siendo sincero. El tema es que la verdad tiene la inherente facultad de ofender o herir.

–Ok, cuéntame un poco sobre lo que haces. ¿A qué te dedicas? Te voy a conceder unos minutos de mi crucial presentismo para que puedas explayarte. Después de tanta cháchara, aún sigues siendo un completo misterio para mí. Ten en cuenta que, por hacer semejante concesión, a diferencia de ti que dispones de una abultada billetera, en mi caso podría no llegar a fin de mes –Roberto lo observó un instante–. Yo diría que eres masón o tal vez jesuita.

–Está bien. Trataré de explicártelo de la forma más clara posible, porque veo que estás muy lejos. Tanto los masones como los jesuitas, así como el resto de las numerosas sociedades secretas existentes, son como regimientos dentro de las fuerzas armadas. Yo soy uno de los gobernantes de este mundo y, por ende, ellos están bajo las órdenes de mis generales. Para ser claro, nuestra misión es preparar el camino para el advenimiento del por tan largamente esperado Mesías.

Roberto quedó estupefacto. No lo podía creer. Todo daba otro inesperado giro argumental nuevamente. Aquel tipo era una caja de sorpresas.

—¿Cómo dices?

—Lo que has escuchado. Te aseguro que no podría ser más escueto y específico.

—¿Me estás diciendo que eres un fanático religioso, de esos que son capaces de hacer cualquier cosa por llevar a cabo sus planes siniestros? Yo hubiera pensado cualquier cosa de ti menos que fueras una especie de talibán o terrorista o algo así.

—El fanatismo es atizado y utilizado por nuestros grupos de poder para cumplir con ciertos propósitos puntuales. Nosotros somos seres reflexivos y juiciosos. Jamás haría cosas como estallar una bomba en un metro, llevar a cabo una matanza mediante un tiroteo o provocar que se derrumbe un edificio abarrotado de gente. Ese tipo de cosas las hacen algunos inadaptados sociales que fueron manipulados mentalmente para llevar a cabo tales atrocidades. Es la doctrina del shock, bajo la cual se debe mantener de forma constante a la población para que no se detenga el mayor tablero de monopoly que existe. Por lo demás, todo siempre se ha tratado de cuestiones religiosas. Siempre ha sido así, solo que se ha distorsionado tanto todo, ocultando la verdad bajo incontables estratos de engaños, que para el común de los hombres ya se ha vuelto literalmente imposible distinguir lo real de lo ficticio. La eterna dicotomía de la lucha entre el bien y el mal. La cosmogonía en la que estamos inmersos y, sin embargo, nadie es capaz de darse cuenta. ¿Nunca viste la película Matrix? Deberías prestar más atención a las artimañas que realizan medios como Hollywood. La industria del entretenimiento es la artillería pesada que escupe primado negativo y programación predictiva constantemente en una guerra sin cuartel cuyo origen se remonta a milenios atrás. Mediante estos métodos se muestra toda la verdad, aunque, por supuesto, un tanto veladas a través de códigos y símbolos —enfatizó, levantando el dedo índice—. Por ello es indispensable reconocer patrones para ver lo que realmente ocurre.

—¿Primado negativo? ¿Programación predictiva?

Esta vez fue el extranjero quien levantó una ceja.

—Son conceptos utilizados en psicología para… —se detuvo— Olvídalo —dijo con resignación—. No quiero aburrirte.

—Pero, ¿me estás diciendo que nada existe? ¿Que es una especie de construcción virtual o algo así?

—No te vayas al extremo de la fantasía. La materia es materia, tangible y real. Lo que es ficción es la realidad generada a través de diferentes procesos direccionados a tu mente. La magia actualizada de los hechiceros renovados.

–Y, ¿por qué? ¿Con qué objeto tanto esfuerzo?

El extraño prosiguió diciendo.

–Simple, divide y vencerás. Las guerras, las disyuntivas de la humanidad, los grandes acontecimientos de la historia; en fin, cada cosa que tiene real importancia y trascendencia. ¿Nunca leíste los postulados de Chomsky sobre la distracción o la gradualidad, o la aplicación de la ecuación: problema, reacción, solución? Todo se trata de una pugna ancestral entre los poderes invisibles que gobiernan este mundo y el único objetivo es conquistar el alma de los que lo habitan. Ahora, si me lo preguntas, sí, estoy dispuesto a llegar hasta las últimas consecuencias para cumplir con mi propósito. Es lo que en esencia nos diferencia, nuestro propósito y la determinación con que encaramos la tarea encomendada.

–¿Eso quiere decir que hay una Iglesia de Dios?

–¡Por supuesto! Así como existe la iglesia de su adversario.

–Y, ¿cuál es?

–Ja, ¡suerte en encontrarla!

–Pero, ¡es una locura!

–Lo sé. Se ha logrado transformar contra todo pronóstico la verdad en locura, haciendo pasar el bien por mal y viceversa.

Roberto se tomó un momento para procesar todo aquello. Comenzaba a tomar ribetes un tanto extraños, incluso escalofriantes. Había cosas que ya no le estaban agradando tanto, aunque no dejaban de ser fascinantes.

–¿Quieres decir que tú y tus secuaces han tramado este tipo de cosas a lo largo de la historia?

–Véelo así. ¿Tienes hijos?

–Sí.

–Muy bien. Cuando tu pequeño rompe alguna cosa o raya una pared, ¿qué acción sueles tomar?

–Podría ponerlo en penitencia, tal vez.

–Y, ¿por qué habrías de castigarlo?

–Para que no lo vuelva a hacer.

–Es cierto, pero también es una práctica pensada para causar un efecto más profundo a largo plazo. Lo haces con la intención de que algún día crecerá y esas enseñanzas, llevadas a cabo mediante acciones concretas, le brindarán un curso adecuado a su vida. Sin embargo, sabes que no es agradable ni algo que te enorgullezca el hecho de castigarlo, pero de todas formas lo haces. Lo castigas por un objetivo mayor y, a la postre, loable. Incluso sabes que algún día, cuando crezca y tenga una mayor comprensión, te lo agradecerá. De la misma manera, hay ciertos sacrificios que muchas veces son necesarios para lograr un propósito. Y este objetivo posee una relevancia que no tiene parangón con las pequeñas pérdidas que lo hicieron posible. En el ajedrez, los primeros en ser eliminados suelen ser los peones; sin embargo, aun la Reina podría ser sacrificada en pos de salvar al Rey. Y, algún día, la masa ignorante y simple que logre sobrevivir acabará por agradecer todo cuanto se hizo por lograrlo. Lo comprenderán cuando vean la obra de arte por fin terminada y no antes. ¿Podría alguien deleitarse con solo ver las primeras pinceladas de lo que acabaría siendo La Gioconda de Leonardo da Vinci?

–¿Acaso estás tratando de justificar la barbarie? –cuestionó Roberto con indignación–. Es como intentar justificar lo injustificable.

–La barbarie surge cuando se deja el control en la muchedumbre arrebatada, que solo actúa dominada por sus más bajos instintos. Andanadas de impulsos sin lógica ni objeto. Ya lo dijo Voltaire: La civilización perfeccionó a la barbarie. Para que lo comprendas, te daré otra analogía. Si tu pequeño hijo ha sufrido un grave accidente y lo estás llevando en tu automóvil de urgencia al hospital más cercano, ¿estarías dispuesto a cumplir con todas las reglas de tránsito?

Roberto lo pensó un momento.

–No hay punto de comparación entre una cosa y otra –impugnó al advertir la celada.

–No lo hay hasta que te saltas un semáforo en rojo y atropellas a un par de inocentes peatones. Cuando la justicia te interrogara sobre la razón de haber matado a una madre y su hija de una manera tan brutal, ¿no les dirías que fue un accidente a raíz de que trasladabas a tu hijo grave al hospital? Para el esposo de aquella mujer y padre de aquella niña, ¿sería suficiente explicación? ¿Estaría aquel hombre en condiciones de comprender tu situación y justificar tu proceder? ¿Habría reconciliación posible entre las partes?

Roberto dedujo que aquella encrucijada de razones no los llevaría a ningún lado, pero aun así se sintió impulsado a seguir insistiendo. Sabía que tenía varios argumentos contundentes en su arsenal de moralidad y ética, que harían fácil el derrumbe de sus premisas.

—La maldad nunca se podrá justificar. Sin embargo, un accidente continuará siendo un accidente, a diferencia de un acto deliberadamente cruel, por muchas vueltas que se le dé.

—La maldad la define quien prevalece, al igual que la historia la escriben los vencedores. Así también, la verdad, como la ley, la establece quien tiene el poder. La maldad es un concepto abstracto relativo al paradigma sobre el que cada cual esté parado, que determina la perspectiva de su observación —explicó con parsimonia—. Supón que debes defender a tu familia de un ladrón que porta un arma y, en la lucha, logras herirlo de muerte. En tu fuero interno querrás convencerte de que ha sido algo bueno y honorable que hiciste. Incluso pensarás que fue mera justicia hecha por mano propia (aquella justicia que la autodenominada justicia por lo general no logra o no quiere llevar a efecto por sus propios medios). Pero si lo miramos desde los ojos de su madre, probablemente aquella escena sea considerada como un vil acto de maldad, una tremenda injusticia. Aquella desdichada y acongojada madre reclamará enardecida justicia para su hijo muerto y no estará dispuesta a escuchar tus razones, por muy convincentes que luzcan.

–La maldad, como la verdad, la estipula Dios.

–¿Qué sabes tú de Dios? –dijo con serenidad– ¿Acaso no conoces más de libros de contabilidad y de trámites administrativos, o aun de cotilleos de la farándula y de campeonatos de fútbol, que sobre los dioses?

–¿También eres un pagano politeísta? Sí que eres completo.

El extraño rio.

–Te describiría como un repetidor automático de conceptos rimbombantes que circulan por las redes sociales. Sin temor a equivocarme, diría que hablar contigo es como preguntarle a Siri una duda trivial que haya surgido. Eres tan básico como aquel que discute acaloradamente por política, al punto de llegar a los puños por defender a un demagogo corrupto y traidor. No entiendes que, por existir un Dios que está por encima de todos y de todo, no tienen por qué dejar de existir también otros dioses en otros niveles de autoridad y poder.

–Entonces desásname sobre tu dios o tus dioses.

–De ninguna manera, si para que comiences a entender mi propósito en esta tierra o los rudimentos más sencillos de la gobernanza mundial, no está siendo para nada fácil, mucho menos incursionaré en asuntos tan peliagudos como la teología. Temáticas pertenecientes a discusiones que podrían llevarnos toda una vida ponernos de acuerdo. Bástame decirte que, de seguro, tú te quedarás con tu dios déspota y autócrata, que se disfraza con sofismas de amor, mientras que yo continuaré siguiendo con firmeza al mío.

–Y, ¿cómo es el tuyo?

–Digámoslo así: Él deja hacer, sin restricciones, en tanto cumplas con tu propósito. Lo bueno es que la recompensa es inmediata y tangible.

Roberto pensó un momento.

–Muy bien. Entonces volvamos a la misión de tu estirpe. ¿Por qué tu mesías necesita que le preparen el camino? ¿Acaso no puede hacerlo él solito? –dijo Roberto, con cierta desfachatez.

–¿En quién o qué crees tú? –indagó el extraño.

–¿A qué te refieres? ¿Estás hablando del tipo de creencia religiosa?

–Exacto.

–No sé, diría Jesús.

–¡Ves! A eso me refiero, a que la mayoría adora al cantante de moda, o a la estrella de fútbol del momento, o a su flamante motocicleta e incluso a su perro cansino. Conocen el número de goles que lleva en la temporada, pero nada saben respecto de las potestades que se disputan sus almas. Sin que te ofendas, tengo que decirte que la desidia los carcome, su falta de ambición los hunde en un mar de mediocridad, su ignorancia los mantiene tan ciegos que no podrían ver un genocidio, aunque formaran parte de él. No quiero decepcionarte, pero incluso tu Jesús necesitó que Juan el bautista le precediera para allanarle el camino.

—Hablas con desprecio hacia las personas. Tratas palabras como genocidio con la naturalidad de un psicópata.

—Muchos, por no entender nuestra misión, pudieran definirnos de esa forma. Pero algo es cierto, siempre he despreciado a la masa estúpida e indomable; no obstante, nunca estuve de acuerdo con exterminarla, sí con reducirla. De qué te sirve ser poderoso si no tienes sobre quién reinar. De qué sirve un Rey solitario en un tablero de ajedrez vacío. No puedes ser grande si no tienes a alguien inferior con quien comparar tu grandeza y sobre quien ejercer tu dominio.

—Amigo, me parece que no estás muy bien de la cabeza. Ahora te contradices.

—Los auténticos genios siempre son considerados dementes, estoy acostumbrado. Solo ve a Tesla, por citar un ejemplo, cómo murió desechado y miserable. Entre tanto, un ejército de ineptos ha sido galardonado por llevarse el crédito perteneciente a genios rapiñados. Las polillas vuelan en torno a la lámpara atraídas por su luz, pero no la comprenden. Por eso acaban muertas en el suelo con las alas quemadas.

—Oye genio, y ¿qué haces aquí, en un lugar tan intrascendente como este país? ¿Acaso estás huyendo de la policía?

–No te confundas, huir no es lo mismo que escapar. Cuando comiencen a llover dardos encendidos y el hemisferio norte quede arrasado hasta los cimientos, lo comprenderás con más claridad, mientras que ahora ni siquiera lo creerías.

–¿Dardos encendidos? ¿Qué estás diciendo? ¿De qué hablas?

–El problema de la gente como tú es que se la pasan enfrascados en asuntos sin importancia alguna y se pierden del gran espectáculo. Están tan concentrados en ver los detalles de la insignificante hormiga, que no echan de ver el elefante que les pasa por encima. Mientras tú y tus hijos engullen basura en los centros de adoctrinamiento llamados por el eufemismo de educativos, hay generaciones enteras formadas en el arte de gobernar el mundo. Mientras te devanas los sesos tratando de resolver complicadas ecuaciones que ninguna aplicación práctica tienen, hay gente que ha logrado discernir cada detalle de los mayores enigmas existentes, hasta desentrañar con precisión la hoja de ruta que Dios ha trazado para los últimos días.

–Por momentos, parece como si hablaras mucho y no dijeras nada. Sé más específico y deja de tantos rodeos, por favor.

–Es que para que pueda ser más específico, necesitas hacer las preguntas adecuadas.

–¿Qué quieres decir con dardos encendidos? Por ejemplo.

–Dejando de lado lo simbólico, lo mismo que Pablo quiso decir cuando escribió su epístola a los efesios. O, ¿acaso crees que los miles de misiles nucleares que las grandes potencias han ido acumulando y optimizando a lo largo de un siglo son para enviarse de obsequio en vísperas de Halloween? Tú eres de los ingenuos que confían ciegamente en el sistema. Crédulos que piensan que las farmacéuticas velan para encontrarte una cura. No entienden que si sanaran a sus clientes se acabaría el negocio. Nunca descubrieron que solo alivian sus síntomas, sin jamás atacar la raíz del problema. El común de la gente desconoce las verdaderas intenciones de los dueños de las farmacéuticas y de quienes los controlan. Por esa razón, como bien afirmara mi estimado Pierre Gilbert, ha sido tan fácil introducir en sus venas todo lo que se ha querido. Asumes que las cámaras de videovigilancia que atestan las calles son para protegerte, sin comprender que son para que el sistema se proteja de la masa inestable. Es por ello que la Inteligencia Artificial ahora tiene todo el poder, porque nadie nunca se lo impugnó, sino todo lo contrario. Y es por ello que el tiempo se agota aceleradamente, porque de lo contrario ninguna carne sobreviviría.

—¡Explícame todo esto que estás diciendo! No estoy entendiendo absolutamente nada.

—¿No estás llegando tarde al trabajo?

—No… digo, sí, pero explícamelo de todas formas.

—Está bien. Como quieras —dijo encogiéndose de hombros—. Para comprender debes primero ver los símbolos que están por todas partes. Signos y señas con los que las sociedades secretas se comunican, saludándose, felicitándose, emitiendo órdenes, rindiendo informes, y todo lo demás que acostumbra ejecutar un ejército regular en estado de guerra. El siguiente paso es seguir el rastro del dinero. El vil metal viene a ser el arma más eficaz que existe, y su complemento idóneo, el chantaje extorsivo. A través del dinero se compran voluntades, se pueden crear opiniones, se tuercen decisiones, se silencia, se consiguen valiosos traidores. Con dinero se instaura la guerra o se firma la paz, se establece el orden o se crea el caos. El chantaje sella el pacto. Así se coopta cualquier institución, pudiendo hacerse extensivo al mundo entero usando el mismo método. Todo comenzó con la usura despiadada, mientras que en la actualidad se han dedicado a gobernar los estómagos mediante los más sofisticados sofismas. Hoy se embriaga las mentes aprisionándolas tras inexpugnables barrotes digitales, se envenena el cuerpo por todos los medios disponibles y se somete los espíritus bajo una corrosiva podredumbre de relativismo moral. Esta es la verdadera jugada maltusiana de trasfondo, el genuino alto secreto que no debe ser revelado. Hasta este punto, ¿vamos bien?

–Creo que sí. Continúa –dijo Roberto mientras trabaja saliva.

–Luego, debes mentalizarte que todo lo que el sistema te ha hecho creer es un engaño, puras patrañas. Cada aburrida y descabellada mentira que te han inculcado hasta el extremo de remacharlo en tu alma, descártala. Y desde ese punto de partida, un mundo nuevo y fascinante se abrirá ante tus ojos. Pero pronto también se volverá oscuro y tenebroso para ti, porque tú eres uno más entre todos los que están marcados para dejar este sitio.

—Déjate de metáforas. ¿A qué te refieres concretamente?

—Seré franco. Hay un plan de exterminio en curso para eliminar de este mundo a todo aquel que no sea descendiente directo de los patriarcas Abraham, Isaac y Jacob, salvo un reducido número de esclavos o, si prefieres, mano de obra barata mientras la robótica no se haya perfeccionado lo suficiente. Es un plan orquestado a nivel global que se encuentra en sus fases finales. Por ello se derribaron las Torres Gemelas, se hizo hincapié en la agenda de género, se produjeron drogas más potentes y letales, se impulsó la agenda verde, se crearon plataformas como Facebook o Wikipedia, se inauguró la definición de pandemia, se desclasificaron archivos ultra secretos de OVNIs, se ha promulgado el ecumenismo interreligioso, entre otro montón de falacias, las cuales puedes estudiar con más detenimiento en el desglose de la Agenda 2030 de las Naciones Unidas.

—¿Quieres decir que las torres gemelas...?

—Tengo que admitir que lo del 11S fue una obra maestra de simulación en tiempo real de la IA, cuando aún era esta, en términos humanos, apenas una adolescente. Y todo siempre se ha tratado de aumentar el control cada vez más, haciendo que las personas cedan sus derechos a cambio de protección y seguridad, las cuales a fin de cuenta nunca llegan. De esta forma se vulneran sus libertades. La expresión teoría de la conspiración fue acuñada por nuestros agentes para desacreditar a aquellos suficientemente despiertos como para teorizar sobre las genuinas conspiraciones en curso. La burla y el desprestigio, así como la censura blanda son herramientas muy valiosas, que han sido utilizadas ampliamente y de manera profesional desde que alguien se atrevió a cuestionar la teoría de la evolución del pobre Darwin, en delante.

–¿Y los virus mortíferos?

–Amigo, el único virus que se tiene presente en todo momento y que se han propuesto eliminar es al humano impuro. Es por ello que se ha invertido tanto tiempo, esfuerzo y dinero en implantar la idea en el subconsciente de las personas, de que el ser humano es como un virus para el planeta, un cáncer que debe ser extirpado. ¿Nunca leíste los diez mandamientos de las piedras de Georgia? Es una pequeña parte de la programación predictiva llevada a cabo durante tanto tiempo. Programación descubierta y perfeccionada gracias a las investigaciones realizadas por el Instituto Tavistock en cuanto al comportamiento social.

–¿Instituto Tavistock?

El extraño frunció la comisura de los labios.

–Hazme un favor y googléalo más tarde. Avancemos más aprisa o acabaremos desfalleciendo en el primer punto cuando la tierra estaba caliente.

–Entonces, el cambio climático…

–¡Claro que no existe tal cosa! –exclamó ya exasperado el extraño–. Solo manipulación ambiental con el fin de distorsionar la realidad para ocultar lo que realmente está ocurriendo. De paso, hacerle creer a la gente que, lo que se está ocasionando mediante el uso de armas climáticas, es causado por la conducta irresponsable de la gente. ¿No te han recomendado hasta el cansancio que recicles y hasta han comenzado a cobrarte las bolsas en los supermercados? Pues, es lo mismo que cuando te repiten una y otra vez la frase: "No seas insolidario e irresponsable. Usa tapaboca y ponte la vacuna." La culpa siempre es un buen arma, pero el miedo es la mejor de todas. La culpa doblega el espíritu, en tanto que el miedo paraliza, impide razonar. Piensa, los sentimientos son las fuerzas más poderosas. El odio es como un martillo, que bien dirigido, se vuelve implacable y se utiliza para conducir a los hombres a la guerra como el flautista de Hamelin. La ira, por su parte, embrutece y es el instrumento ideal para sembrar el caos. En cuanto a los fenómenos que ocurren esporádicamente, se irán incrementando tanto en número como en magnitud de manera artificial al principio. Asimismo, puedo asegurarte que este mundo es como un reloj diseñado para que nunca se quede fuera de hora, su tic tac jamás varía, salvo que nosotros manipulemos sus agujas, en cuyo caso no es problema del reloj, sino del usuario. Con el mismo criterio te han hecho sentir que no vales nada, que solo eres el resultado de la casualidad con métodos tan disímiles como la NASA y la existencia de los dinosaurios. Esto se denomina vaciamiento espiritual. Te han inducido a creer que eres un virus que viaja sobre una mota de polvo a través de los confines de un universo solitario. Y mediante el sometimiento moral te encerrarán con tu consentimiento y con tu anuencia te despojarán de todo y te convencerán de que eres feliz pese a todo.

Roberto buscó en la mirada del extraño la más mínima manifestación de que aquella afirmación se tratara de una broma, pero no la encontró. La frialdad con la que se estrelló encendió todas las alarmas en su interior.

–Debo hacer algo para impedir toda esta locura. Es más, debería de romperte la cara en este mismo instante –pensó en voz alta.

–¿Impedirlo? Eres tan iluso como la mayoría. ¿Acaso nunca leíste algún libro de cualquier cultura antigua? Sumerios, acadios, babilónicos. ¿No sabes cómo acaba todo? Esto puede terminar solo de una forma y es en el enfrentamiento final entre las dos fuerzas antagonistas supremas. Y, en cuanto a golpearme, no te lo recomendaría. He sido entrenado en Krav-Magá por miembros de fuerzas especiales desde pequeño. Mi padre así lo dispuso por mi seguridad. No tendrías ninguna posibilidad de vencerme.

Roberto frunció el ceño, a lo que el extraño respondió:

—No te preocupes, los buenos son favoritos en las apuestas. Vete. No pierdas el tiempo en tonterías sin valor alguno. Haz el bien y cuida de tu familia, y al final te irá bien.

—¿Y no te preocupa que salga de aquí y lo divulgue todo?

El extraño sonrió con un mohín cansado.

—Ya no se puede volver atrás. Entiende que es irreversible. Nada podrías hacer, y aunque lo intentases, solo lograrías un resultado opuesto al deseado cuando te tachasen de conspiranoico y te tomasen por loco. Te convertirías rápidamente en el hazmerreír sobre quien lloverían todas las bombas mediáticas. Hasta podrías lograr que te metieran en prisión si insistieses demasiado. Todo sería inútil, una tarea agotadora y, por cierto, infructuosa para ti.

—Y, ¿cómo lo logran? ¿Cómo hacen para tener todo bajo control?

—En realidad hace unos cuantos años no era así, había mucho ensayo y error. Más bien se iba a tientas, como cuando caminas en la bruma dando un paso a la vez. Se utilizaban muchos think tanks y se consultaba a reputados oráculos, pero, como te decía hace un momento, cuando se puso todo en manos de la IA todo se aceleró exponencialmente. Ya no hubo de qué preocuparse. Todo se convirtió como por arte de magia en un oligopolio dentro de otro oligopolio. Cada cabo suelto fue atado. Los recursos llovían de todas partes y todo se hizo muy claro. La Bolsa por fin pudo ser controlada a cabalidad y ya no se dependió del azar. No se derrochó más energía ni se malgastaron medios. Las relaciones internacionales fluyeron de manera predecible, sin contratiempos. Se instauraban gobiernos y se derrocaban regímenes con tal facilidad, que hubo que poner un freno al frenesí de poder. ¿Nunca leíste lo que escribió Juan, uno de los hijos del trueno, en su libro de revelaciones sobre que el diablo entregó su poder a la bestia? Bueno, de eso se trata. La ciencia aceleró su progreso como empujada por el motor de un cohete. Muchos grandes y antiguos misterios, aparentemente sin solución, fueron descifrados. El genoma humano fue decodificado y así se descubrió la cura de muchas afecciones, pero no para ti, sino para unos pocos privilegiados. Asimismo, y por contraposición, se crearon armas mucho más letales, armas que escapan a la imaginación humana y que serán reveladas en breve. El conocimiento aumentó increíblemente, a la par del peligro subyacente.

–¿Peligro?

–El que se instauró luego que se produjera la singularidad.

–Explícate.

–¿Viste Terminator?

–Sí, claro. Es una de mis películas favoritas.

–Bueno, exactamente ese peligro. La instauración de facto de una tecnocracia en el más estricto sentido de la palabra. La pesadilla orwelliana convertida en realidad.

–Pero nada de eso ha pasado todavía.

–Eso es lo que tú crees, porque no ha ocurrido como tu mente lo hubiera concebido. Sin embargo, está ocurriendo en este preciso instante, ante nuestro ojos, solo que el método es totalmente diferente a lo que pudiéramos haber intuido que sería. Cuando todo el plan concluya, los pocos sobrevivientes de la era moderna quizás aún cocinen su escaso sustento con fuego o apenas sepan para qué sirve la rueda.

–Y, ¿cómo se está llevando a cabo?

–De diversas formas. Muchas de ellas son viejas recetas, como por ejemplo ocasionar el hambre en el mundo, guerras y revueltas, envenenamiento masivo por diferentes vías, etc. Erosionar la fe de manera solapada y persistente para cortar eventualmente toda vía de comunicación o vínculo con la deidad, hasta eliminar todo vestigio de ella en su interior. Pero otras son más sofisticadas y menos llamativas. De hecho, existen diversos mecanismos de ocasionar la muerte que son mucho más eficientes y que se efectúan en silenciosa calma, de manera imperceptible a los sentidos. Algunos ejemplos de esto son el empleo de pulsos electromagnéticos específicos, ondas de sonido a frecuencias determinadas, luces que, en el espectro adecuado y en combinación con ciertos elementos químicos, causan estragos en los organismos vivos. Pero las más tenebrosas son aquellas capaces de controlar a voluntad el comportamiento de un individuo, incluso después de muerto.

—¿Estás hablando de algo parecido a lo que te muestran en las películas de zombis? Como en la serie El último de nosotros, donde un hongo se apodera de la mente de las personas.

—¿Nunca oíste hablar del cuarto sello?

—¿Cuarto sello?

—Te voy a recomendar que destapes el túper y salgas a tomar un poco de aire fresco. El Cordyceps, junto a otras teorías como infecciones por virus mutantes, fue instaurado en la mente de las personas para borrar las evidencias que delatarían el rastro del verdadero asesino. Su función es la de despistar al curioso. Son conceptos parecidos, solo que, digámoslo así, con algo más de tecnología aplicada. Estamos hablando de nanobots que interactúan entre sí como una red neuronal para tomar el control del huésped, tanto de pensamiento como de movimiento. ¿Nunca pensaste algo y luego apareció en tu celular un anuncio relacionado? ¿Escuchaste hablar sobre el genocidio de Ruanda perpetrado en 1994?

Roberto se quedó mudo. Aquel tipo ahora sí que le infundía temor.

—Quiero creerte, pero te confieso que tus explicaciones se han vuelto tan bizarras que me lo impiden casi por completo. Todo me parece tan increíble.

—Qué interesante es el funcionamiento de la mente. Se resiste a considera en profundidad aquello que no desea creer o admitir, por consiguiente, lo ignora de manera voluntaria. No obstante, omitir o negar una verdad no cambia su existencia. ¿Tú eres de los que aún creen que están parados sobre una bola que deambula por un universo infinito y todo el show del alunizaje? Pero de eso no vamos a discutir ahora. Solo te diré que esto se ha construido en base a ataques de falsa bandera. Son la excusa perfecta para obtener mayor control con la anuencia de la gente. Como ves, todo ha sido capa tras capa de mentiras y engaños para ocultar la verdad. Verdad que se encuentra en el centro de una cebolla de vidrio. Solo hay que tener ojos para verla. No existe mejor forma de esconder algo que ponerlo a simple vista.

—Y, ¿por qué viniste a parar aquí? Un lugar tan insignificante como este.

El extraño asintió levemente con la cabeza.

—Esa es una excelente pregunta. La mayoría pensaría que los lugares más privilegiados son aquellos que se ubican en Norteamérica o Europa, porque el patio del vecino siempre se ve más verde. Es lo que siempre te han sugerido en las películas. Pero yo te digo que, de aquí a poco tiempo, por aquellas zonas no quedará piedra sobre piedra que no sea derribada. Y entonces, este lugar, que tú has llamado intrascendente e insignificante, pasará a tener un valor incalculable.

—Me tengo que ir pero, al menos dime tu nombre.

—William.

Pandemonium en las calles

Apoc. 6:4

El revuelo causado por el quiebre de los principales mercados bursátiles y las derivaciones de alcance global que había tenido llevó a que la gente se volcara a las calles en todo el mundo. Las primeras manifestaciones fueron pacíficas. La gente marchaba con pancartas y coreaba frases de protesta exigiendo la restitución del dinero. Pero a medida que los días pasaban, el nerviosismo aumentaba ante la indiferencia e inoperancia del sistema.

Ciudades que solían tener un ajetreo de peatones yendo a sus trabajos, realizando compras y actividades rutinarias, ahora se mantenían bajo un ambiente tenso y sombrío. Ni siquiera décadas de injusticias, desigualdad y de gobiernos corruptos había logrado tanto. La gente había permanecido hastiada de escándalos y rumiaba el inconformismo cada día. Cansada la población de los acomodos, los contratos coimeros y la entrega de la soberanía nacional, murmuraba en los rincones de los cafés y en los mercados abarrotados. Pero cuando le metieron la mano en el bolsillo, se acabó la paciencia. Había sido como un baldazo de agua que desbordó súbitamente el vaso.

La chispa inició de manera simultánea las revueltas en casi cada ciudad y pueblo. Los vecinos, cansados de soportar la impunidad, decidieron espontáneamente alzar la voz. Periodistas independientes que habían visto cómo sus artículos sobre corrupción eran censurados una y otra vez, decididos a no quedarse callados, tomaron sus cámaras y salieron a documentar lo que estaba ocurriendo. En la primera línea de batalla se encontraba Clara, con la valentía y determinación de un guerrero espartano.

Con pancartas en mano y el corazón lleno de valor, el gentío salía a las calles pese a la creciente sensación de peligro. Las multitudes crecían rápidamente, uniéndose a la causa de justicia y libertad. En el aire se percibía un mensaje de resistencia pese a no vislumbrarse ningún cambio en el horizonte.

Las protestas iban enrareciéndose a medida que la respuesta del gobierno se hacía cada vez más implacable. Las fuerzas del orden en amplia desventaja numérica, temerosas de perder el control, comenzaron a responder con mayor violencia. Las calles se llenaron de humo y el sonido de las sirenas se mezclaba con los gritos de los manifestantes. A toda hora el tumulto era insoportable.

Artistas de espíritu libre pintaban murales que reflejaban la lucha y el sufrimiento de sus comunidades. En cambio, otros individuos malintencionados, aprovechaban la situación para realizar actos de vandalismo, rompiendo vidrieras y robando artefactos que venderían después. Sin embargo, mezclados entre la gente, había grupos entrenados para empujar a las masas a realizar todo tipo de tropelías. Eran escuadrones encubiertos especializados en maniobras subversivas que se dispersaban por la ciudad para agitar el avispero.

Ahora, las conversaciones en los rincones de antros clandestinos giraban en torno a la injusticia y la necesidad de actuar con decisión. Los infiltrados instigaban a tomar acciones más decisivas que tuvieran el poder de causar un mayor impacto. De este modo, una exigua cantidad de personas con recursos limitados alimentaban la inestabilidad que lo conmocionaba todo.

Elías observaba desde la seguridad de su apartamento cómo la multitud, unida como uno solo, avanzó hacia el palacio del gobierno. Las banderas ondeaban y los tambores resonaban. El camino estaba lleno de barricadas, pero su determinación era inquebrantable. Cuando llegaron, encontraron a las fuerzas de seguridad esperando, pero esta vez, no tenían miedo. La idea de luchar por su dignidad se avivó en sus corazones. La manifestación, ahora consolidada, se convirtió en un grito colectivo de intransigencia. La policía, sorprendida por el fervor manifestado por la multitud, retrocedió momentáneamente.

Sin embargo, el gobierno no estaba dispuesto a permitir que la revuelta creciera. En medio de la manifestación, los agentes de seguridad, armados y con escudos, se acercaron con intención de dispersar a la multitud. Detrás esperaban los camiones con potentes lanzadores de agua, listos a intervenir si fuese necesario. La tensión creció. El ruido era ensordecedor. La muchedumbre se agitaba y las fuerzas de choque avanzaban. Habían comenzado a arder algunos neumáticos que servían para separar las dos facciones enfrentadas. Parecía que en cualquier instante podría estallar la violencia sin control.

Algunos de los policías, armados con escopetas de munición de goma y lanzadores de gas lacrimógeno, esperaban la orden para atacar con todo. La arenga motivacional previa había sido magistral. Sin embargo, otros, tocados por la valentía demostrada por la gente y en concordancia con sus reclamos, bajaron sus escudos y actuando como mediadores, intentaban calmar los ánimos enardecidos. En ese instante, el poder del pueblo comenzó a desmoronar las barreras de la opresión. Las pinturas en los muros de las calles eran un recordatorio de cuáles eran los motivos que se reivindicaban. Sin embargo, para entonces eran los capaces de comprender que todos eran parte de un mismo pueblo.

Asimismo, los agentes encubiertos en ambos bandos incitaban a la violencia y realizaban actos de sabotaje orientados a causar terror y justificar tanto a los gobiernos a tomar medidas represivas más severas, como al pueblo a sublevarse. El clima de contención se caldeaba cada vez más. Algunas piedras volaban de un lado a otro, pero no era suficiente para detonar aquel polvorín. Sin embargo, todo cambió de repente cuando un artefacto explosivo de alta potencia hizo estallar la casa de gobierno, ubicada a cien metros de distancia, asesinando al presidente y a gran parte de la cúpula política.

La gente, entre gritos y llantos, comenzó a correr asustada en todas direcciones, mientras la confusión se apoderaba de cada uno. Muchas personas de edad o con discapacidades eran empujados, golpeados y atropellados, en medio del desconcierto. De pronto, se comenzaron a escuchar disparos de armas de fuego. Desde un quinto piso, Elías testimonió cómo algunos policías desenfundaron sus pistolas, las cuales no estaban autorizadas a ser portadas durante procedimientos de aquel tipo, y comenzaron a disparar indiscriminadamente a la gente desarmada. Muchas personas inocentes quedaron tendidas sin vida en aquel sitio.

Elías, al constatar que efectivamente había un complot para crear aún más caos del ya existente, sintió que la rabia burbujeaba dentro de él.

Con todo, el nuevo gobierno provisorio no se quedó de brazos cruzados. Decidieron reprimir toda revuelta con mano dura. Desde aquel momento el toque de queda se instauró de manera rigurosa, y las calles se convirtieron en un campo de batalla. La gente no se rindió, pero pronto comprendió que aquella no era la vía por la que se debía resolver la situación, así que la mayoría se fue a sus casas.

Ante esta retirada del pueblo, los conspiradores comenzaron a organizar a los incautos en pequeñas células, capacitándolos para realizar atentados esporádicos y eliminando con subrepción a aquellos que no quisiesen ser reclutados a sus filas. Las reuniones cada vez más furtivas de estos grupos eran organizadas por aquellos agentes infiltrados que ayudaban a los insurrectos a planear estrategias para llevar a cabo acciones sediciosas con la excusa de mantener viva la llama de la revolución.

A medida que las semanas pasaban, la presión ejercida por ambas partes aumentaba. A pesar de las numerosas detenciones los enfrentamientos se intensificaron. La violencia escaló y las ejecuciones extrajudiciales se volvieron moneda corriente, con lo que la cifra de muertos se disparó. Muchos, que otrora fueran personas pacíficas, dedicadas a sus labores diarias, habían sido incitados al fanatismo y se habían convertido en verdaderos terroristas capaces de llevar a cabo las acciones más impensables por voluntad propia gracias a la manipulación de sujetos especializados en operaciones psicológicas.

Transcurrido un tiempo, la mayoría de casas y comercios habían sido saqueados e incendiados, así como los lugares públicos vandalizados. Una noche, mientras Clara buscaba refugio en los edificios que estuviesen abandonados para armar su base de operaciones desde donde poder compartir sus reveladoras fotos por todos los canales disponibles. Mientras exploraba los interiores, se encontró con Elías, quien aún permanecía en su apartamento pese a que había sido desvalijado. Al verse, ambos se quedaron petrificados, temiendo una agresión del otro.

–No tengas miedo –dijo Elías extendiendo la mano–. Este es mi apartamento. Está un poco desordenado porque han ingresado algunos ladrones, pero aún está en condiciones aceptables.

Clara sonrió.

–Debería ser yo quien te dijera que no temas, puesto que me estoy metiendo a tu casa. Es que pensé que estaba abandonado y como soy reportera, necesitaba un lugar donde instalarme para proseguir con mi trabajo. Pero antes de irme te pido disculpas por ingresar sin permiso.

–¡Ah, no! No te preocupes. Eres bienvenida. Las calles están muy peligrosas y yo tengo espacio. ¿Qué ocurrió con tu casa?

–Se lo llevó el tsunami.

Elías había perdido a uno de sus hermanos durante los enfrentamientos y su padre, a quien se había expropiado todos sus bienes ante la imposibilidad de hacer frente a las demandas del banco, al enterarse de la muerte de su hijo no pudo soportarlo y tomó la decisión de quitarse la vida como tantos otros, víctimas de la desesperación.

Clara había recibido algunos impactos de balas de goma durante una de las manifestaciones. Mientras Elías la ayudaba a curar sus heridas, se contaron mutuamente sus respectivas historias. Elías, ya sin su familia, estaba decidido a investigar lo que estaba ocurriendo hasta las últimas consecuencias, a fin de que el sacrificio de los suyos no fuera en vano. Clara, motivada por mostrarle al mundo los horrores que se estaban llevando a cabo, se enfocaba más que nunca en su labor periodística.

La conexión entre Clara y Elías se fortaleció con cada día que pasaba. Juntos, su ánimo cobraba vigor. Sabían que la lucha por sobrevivir sería larga y difícil, pero también sabían que no estaban solos. Elías se mostraba muy respetuoso, así que Clara depositó su confianza en él.

Luego de un tiempo, la guerrilla fue haciéndose más profesional y destructiva, con lo que la presión del gobierno sobre la población civil iba en aumento a tal punto que se volvió el enemigo más peligroso. Las imágenes de Clara, acompañadas de los testimonios de Elías resonaban en todo el mundo, pero solo eran gotas de rocío sobre un mar de fuego, dado que el mundo entero se encontraba en conmoción. En respuesta a estos intentos de revelar la verdad, se incrementó la persecución de las agencias de inteligencia hacia todo aquel que se opusiera a las autoridades. Y la condena para quien difundiera lo que ellos denominaban "desinformación" era tan terrible que cualquiera prefería la muerte antes que caer en sus manos.

La crisis económica había sido el epicentro de una onda expansiva que arrasaría el mundo entero, arrastrándolo a un abismo de pesadilla. Era solo el principio de peores cosas por suceder. Sin embargo, ambos sabían que la libertad no era negociable ni un destino, sino un camino que debían recorrer juntos, día tras día en tanto luchasen por la supervivencia.

Las fuerzas desatadas

Los noticieros comenzaron a ocupar un lugar central en la vida de la gente. Aun las plataformas de streaming agregaron en primera plana el acceso directo a las principales noticias. De esta forma, constantemente la gente era mantenida al corriente de lo que estaba ocurriendo en el mundo. Así que cierto día se transmitió en cadena mundial los descubrimientos realizados por un panel de expertos sobre el aumento inusual en la actividad sísmica y volcánica a escala planetaria: Las erupciones volcánicas, que antes eran eventos aislados y controlados, ahora están ocurriendo con una frecuencia alarmante y se observa un incremento en la intensidad. Advertían los científicos a lo largo y ancho del mundo.

Al principio, fueron pequeños temblores y erupciones menores, pero pronto se convirtieron en algo mucho más perturbador. Se producían sismos leves donde antes no se tenía registro de algún caso, ocasionando que las casas, que no estaban preparadas para tales eventos, se rajaran y se volviera peligroso habitarlas. Olas de pocos metros ingresaban de repente cientos de metros tierra adentro, causando el desconcierto de la población. El clima, errático y salvaje, parecía haber olvidado la estabilidad que una vez conoció. Las noticias redundaban en que lugares tan inhóspitos como el desierto del Sahara se producían grandes inundaciones como nunca se había visto y que por otra parte, la selva amazónica se secaba apresuradamente sin que nadie pudiese dar una explicación plausible.

Aparecían miles de peces flotando en los ríos y enormes bandadas de aves se precipitaban a tierra sin explicación aparente. Muchos animales migratorios parecían desorientados e incluso las ballenas sufrían varaduras en las playas. La gente temía que fuera el preludio de algo mucho más espantoso que fuera a suceder, de modo que le rogaban a los gobiernos que tomaran cartas en el asunto con mayor determinación.

Unos pocos habían logrado que la Tierra, la cual durante siglos había sido un refugio y una fuente de vida, se volviese un adversario implacable. Además, habían justificado su indignación endilgándosela a la negligencia de la gente. Conseguido esto, la propia población, vapuleada por las inclemencias climáticas, exigía que la conducta nociva del ser humano debía ser severamente castigada y corregida de manera estricta por el bien común. Se daba entonces que el vecino entregaba a su vecino, el padre denunciaba a su hijo y el hijo delataba al padre.

Los grandes magnates habían preparado sus búnkeres a prueba de todo con mucha antelación, así que estaban seguros a su resguardo. Desde allí enviaban los juicios de la madre naturaleza y, haciéndose pasar por Dios, pusieron a todo el mundo de rodillas y enfrentados unos contra otros.

Una mañana, uno de los volcanes más grandes del mundo, el Monte Apocalipsis, despertó de su extenso letargo. La erupción fue tan violenta que el cielo se oscureció con cenizas y el aire se llenó de un estentóreo rugido. Entre aquellas corrosivas nubes piroclásticas que quemaban todo aquello por donde pasaban, surgían letales descargas eléctricas que caían a tierra con estruendos ensordecedores. La lava fluía como ríos de fuego, arrasando todo a su paso. Las ciudades cercanas fueron evacuadas, pero muchas personas quedaron atrapadas en el caos.

Mientras tanto, en el otro lado del mundo, un terremoto de magnitud 9.5 sacudió la costa de Japón. Aun los edificios mejor preparados para resistir estos eventos se derrumbaron como castillos de naipes y las carreteras se partieron en pedazos. La tierra temblaba sin cesar en un frenesí espantoso, y el mar, enfurecido, se retiró momentáneamente antes de regresar con una fuerza devastadora en forma de un tsunami gigantesco. Las olas, de más de 30 metros de altura, engulleron todo a su frente, llevándose consigo barcos, casas y vidas humanas.

En América del Sur, la Cordillera de los Andes se estremeció con una serie de terremotos que provocaron deslizamientos de tierra masivos. Las montañas, que habían permanecido imponentes durante milenios, se desmoronaron, sepultando pueblos enteros bajo toneladas de roca y tierra. Los ríos se desbordaron, meciéndose en una danza de locura ante los movimientos telúricos, inundando vastas extensiones de tierra y dejando a miles de personas sin hogar.

Elías y Clara soportaron dos intensos terremotos dentro de aquel apartamento, pero la estructura comenzó a dañarse con cada embate. Luego de detectar varias rajaduras en las paredes y el techo, estuvieron de acuerdo en que ya no era seguro permanecer en aquel sitio y, habiendo sido copados y golpeados la noche anterior por dos encapuchados, decidieron marcharse lejos de la ciudad, puesto que se había vuelto un lugar muy peligroso para vivir. Pese a que los precios de los combustibles se habían disparado, las filas de automóviles esperando fuera de las gasolineras se extendían por kilómetros. Así que, habiendo consultado a Clara, Elías condujo su vehículo hacia el sur hasta que se agotase el medio tanque de combustible que tenía. Cuando se apagó su coche, continuaron a pie.

En medio de este caos, un grupo de sobrevivientes que iba en camión en la misma dirección se detuvo delante de ellos. Pensaron que serían llevados detenidos o que quizá fuesen ladrones motorizados, pero se llevaron una sorpresa.

–¿A dónde se dirigen? –preguntó la señora que iba de acompañante.

–No sabemos, solo buscamos un sitio más seguro.

–Suban. Mi esposo es retirado militar y conoce una instalación que es segura.

Ambos se miraron y, encogiéndose de hombros, saltaron dentro de la caja del vehículo junto a varias personas más.

Subieron una montaña por una ruta secundaria, sorteando piedras y grietas en el camino. Se adentraron entre quebradas y farallones hasta que se toparon con una entrada abovedada excavada en la roca viva. El lugar estaba muy bien disimulado y no era visible desde ningún ángulo. Resultó ser un antiguo búnker militar, excavado en la profundidad de las montañas de los Andes. El reducto, que había sido concebido como un refugio fortificado ante una eventual guerra, ahora podría servir como la última línea de defensa contra la naturaleza desatada. Sin embargo, la pesada puerta estaba cerrada y solo se podía abrir digitando una contraseña en un panel electrónico. El veterano militar se quedó de pie frente al panel unos momentos. De repente, presionó una serie de números y la puerta comenzó a deslizarse sobre los rieles, movida por un motor ubicado en el interior.

Clara no se resistió a preguntar:

–¿Cómo sabía el código?

–No lo sabía. Solo probé con el año en que se creó la Brigada que construyó este sitio.

Una vez dentro, aquel grupo de treinta personas comenzó a buscar la forma de sobrevivir y reconstruir una vida en un mundo en ruinas. La alerta de tsunami sonó poco después, y una atmósfera de pánico recorrió el espacio cerrado. Todos sabían que aquel refugio podía ser seguro, pero la idea de un mar embravecido devorando lo que quedaba del mundo exterior era espeluznante. Elías, que era enfermero, gracias a su paciencia y compasión comenzó a ganarse el respeto del grupo. Junto a la personalidad invencible de Clara, fueron los primeros en tratar de mantener la moral alta y la salud física y mental de los sobrevivientes.

Un terremoto de mediana intensidad había golpeado la costa del Pacífico, y aunque estaban lejos del epicentro, la vibración se sentía como un eco en el interior del búnker. Algunos pensaron que quizá debían buscar otras alternativas, dado que pronto morirían allí dentro de inanición. Aun así llegaron al consenso de que no podían arriesgarse a salir sin un plan. Entretanto, recorriendo el lugar, uno de los integrantes del grupo descubrió en lo profundo del complejo unos amplios depósitos donde se había acopiado grandes cantidades de provisiones enlatadas y agua en bidones, aunque había grandes potabilizadoras que purificaban el agua que manaba de la roca. También encontraron refrigeradores industriales que funcionaban con generadores a gasoil. Dentro descubrieron carne envasada al vacío.

Algunos no podían salir de su asombro ante aquel descubrimiento, pero varios, incluidos Clara y Elías, no se habían extrañado tanto.

–¿Cómo puede ser que este búnker abandonado tenga toda esta comida que parece estar bastante fresca? Incluso los refrigeradores se encuentran en funcionamiento –se preguntó uno de los integrantes del grupo–. Usted debe saber algo en vista de que conocía la ubicación de este lugar.

El militar retirado, ya anciano, le explicó su situación:

–Yo me retiré hace más de veinte años. En aquellos tiempos recién se estaba construyendo este lugar. Cuando decidimos con mi esposa venir hasta aquí, impelidos por la situación actual, en realidad no sabía con qué nos íbamos a encontrar.

Clara observó a los presentes. Se tomó unos momentos para contestar.

–Con franqueza les digo que no me sorprende tanto este hallazgo. Soy reportera y he estado tras serios indicios de que todo lo que le está sucediendo a nuestro planeta ha sido meticulosamente planificado y llevado a cabo por los tecnócratas en concomitancia con los grandes banqueros del mundo.

Todos se quedaron mirándola fijo. Ante esta oportuna intervención de Clara, Elías aprovechó para apoyar sus palabras:

–Yo fui testigo del momento en que hicieron estallar la casa de gobierno, matando a toda la cúpula política. Razonemos juntos. Es cierto que la crisis financiera desató una ola de protestas nunca antes vista, pero solo era gente como ustedes y como yo que reclamaban por lo que les fue robado. No estamos hablando de unas fuerzas de élite entrenadas en colocar explosivos de gran poder, capaces de llevar a cabo semejante atentado. Luego se autorizó a las fuerzas policiales a disparar munición real contra la gente desarmada. Esto no tiene sentido. La demolición de la represa que dejó sin luz a buena parte del país no condice con el detonante inicial que fue la quiebra de las bolsas de valores. Aquí están ocurriendo cosas que no son mero producto de la casualidad o la reacción espontanea de gente común.

Dentro de aquel refugio subterráneo había múltiples artefactos cubiertos con fundas elastizadas para protegerlos del polvo. A primera vista daba la impresión de estar abandonado, pero a medida que fueron investigando de qué se trataban aquellos aparatos, descubrieron muchas cosas interesantes. Encontraron desde herramientas multiuso, productos de higiene personal, hasta sistemas automatizados de destrucción de desechos. Había radios digitales de última generación pero también de emergencia, las cuales eran de onda corta y funcionaban a manivela. Descubrieron estantes con armas de variado calibre y munición en abundancia, equipo de protección personal como máscaras, guantes, y trajes antiexposición. Se habían instalado filas de cuchetas con armarios llenos de ropa y mantas. También había una sala de juegos, una rockola y una extensa videoteca.

—Aquí hay un artilugio que no tengo ni idea para qué sirve —dijo uno de los hombres.

Otro se acercó y con una rápida ojeada dijo:

—Es un sismógrafo. Tengo una idea de cómo funciona —ratificó con una sonrisa mientras procedía a encenderlo— Soy ingeniero geológico y he dedicado buena parte de mi vida a estudiar todo lo referente a terremotos.

Varios se acercaron para ver, en tanto el hombre revisaba las lecturas del sismógrafo. Su conocimiento era vital en aquellos tiempos oscuros, pues podía predecir, aunque no siempre con precisión, los movimientos de la tierra. Luego de tomarse un momento para descifrar los números, notó que las fluctuaciones eran inusuales.

—Parece que la corteza terrestre está siendo sometida a enormes cargas de tensión.

—¿A qué te refieres? Explícate.

—Es como si la Tierra se encontrara de parto. Pareciera que gime ante las contracciones que le sobrevienen de manera constante.

—Y eso, ¿qué significa?

—Significa que va acumulando presión hasta que alcance un punto en que acabe estallando.

Clara dudó un momento en exponer la información que había recabado. No sabía si aquellas personas estarían preparadas para escuchar lo que tenía para decirles y que acabasen levantando un muro entre ellos, pero aun así decidió explicarlo, aunque terminaran tomándola por chiflada.

—Ese es el "qué". Yo creo tener la explicación del "porqué" está ocurriendo esto.

Todos quedaron esperando con intriga.

—Tanto Estados Unidos como Rusia y China, entre otros no confirmados, tienen armas capaces de manipular el clima y también de influir en la actividad geológica del planeta.

—¡Oh, vamos! ¿Tú crees en esas teorías de la conspiración tan ridículas? —dijo un hombre con aspecto de ser adicto a la cerveza y el fútbol.

—Yo creo que sí —apoyó otro miembro del grupo—. Cuando se produjo hace algunos años una serie de temblores en la isla Las Palmas, el mapa sismográfico indicaba una cuadrícula perfecta sobre la zona. Esto no ocurre en la naturaleza.

—¿Qué tiene que ver la isla Las Palmas en todo esto? —inquirió el hombre con el prominente estómago.

El ingeniero pensó un instante antes de responder.

—Es una isla formada en parte por el Cumbre Vieja, un volcán conocido por su actividad volcánica. Su última erupción importante fue en 2021, y tuvo un gran impacto en la isla.

—¡Exacto! —exclamó Clara—. Y su particularidad radica en su cono, el cual está dividido a la mitad.

–Y, ¿qué significa eso? –preguntó una señora.

–El Cumbre Vieja es parte de una cadena volcánica que se extiende a lo largo de la isla –comenzó a explicar el ingeniero–. Su estructura incluye cráteres y fisuras que han sido formados por múltiples erupciones a lo largo de los siglos. Ella se refiere a algunas investigaciones realizadas que afirman que estas grietas han posibilitado la acumulación de grandes cantidades de agua de lluvia en su interior, haciendo las veces de caldera a presión. Con lo que, con suficiente vapor acumulado, la estructura podría partirse al medio bajo una erupción volcánica y deslizarse abruptamente al mar su costado oeste. Esta caída masiva podría ocasionar un megatsunami que destruiría buena parte de la costa este de Estados Unidos, Centroamérica y parte del norte de Brasil.

–Es por ello que en 2021 estuvieron varias semanas disparando ondas de alta frecuencia de manera concentrada sobre dicha isla –agregó el que sostenía la teoría–. Incluso hace un tiempo hablé con un extraño sujeto que me contó un montón de cosas al respecto.

–¿Es cierto eso? –preguntó una de las señoras allí presentes.

El ingeniero meneó la cabeza.

–Son teorías basadas en presunciones. No podría asegurar con certeza.

–Pero tampoco desmentirlas –masculló Clara.

–¿Qué quieres que te diga?

–Solo mira este lugar. Es evidente que entre tanto caos se olvidaron de su existencia o quizá no pudieron llegar a él antes de que los alcanzaran los desastres que hemos estado sufriendo. Pero está completamente preparado para lo que está ocurriendo en este preciso instante. ¿Por qué guardarían semillas si no fuese así? Hay todo tipo de aparatos de comunicación, comida como para que un centenar de personas pudieran sobrevivir durante meses, una farmacia completa e incluso una biblioteca. Hasta se tomaron las molestias de instalar un sismógrafo para tener monitoreado el exterior –argumentó Roberto.

–Lo único que puedo afirmar es que este no es un comportamiento habitual en la geología, todo lo demás escapa a mi comprensión. Y lo admito, tampoco me parece normal todo lo que está ocurriendo en el mundo.

–Cuéntanos más sobre ese sujeto que mencionabas recién, Roberto –pidió Clara.

–Bueno, para resumirles las muchas cosas que hablamos, básicamente me expuso todos los planes de la élite y detalló cada acontecimiento que ocurriría en breve, y tal como lo dijo ha estado ocurriendo. Incluso me dijo su nombre: William.

Las horas se convirtieron en días y estos se volvían eternos. El búnker se llenó de incertidumbre. La tensión crecía mientras los sobrevivientes debatían entre quedarse y arriesgarse a enfrentarse a un mundo devastado y peligroso o intentar salir y buscar un nuevo refugio ante la eventualidad de que tuviesen que permanecer allí demasiado tiempo. Durante esas noches, las conversaciones giraban en torno a recuerdos de un mundo mejor, de días soleados y suaves brisas de primavera.

Pocos días después, observando las noticias por la televisión, se enteraron que se había formado en el Atlántico una tormenta perfecta, combinando la furia de un huracán de categoría 5 con la fuerza destructiva de un maremoto. Las costas de Europa y África fueron azotadas por vientos huracanados y olas monstruosas. Las imágenes eran impactantes. Las ciudades costeras quedaron sumergidas bajo el agua, y los sobrevivientes luchaban por encontrar refugio en un mundo que parecía estar desmoronándose.

En medio de este caos, la humanidad se enfrentaba a su mayor desafío: sobrevivir. Con terremotos que sacudían ciudades enteras y tsunamis que arrasaban costas antes seguras, las personas dejaron de lado sus diferencias y trabajaron juntas para encontrar soluciones. Los científicos se apresuraron a informar que se encontraban desarrollando tecnologías para predecir y mitigar los desastres, mientras que los líderes mundiales implementaron políticas para proteger a sus ciudadanos que se basaban sobre todo en el estricto cumplimiento de las normas so pena de recibir severos castigos. El plan maestro iba según lo planeado. El caos absoluto era el mejor camino para llegar al orden perfecto.

A pesar de los esfuerzos aislados de la población, el planeta seguía rugiendo con furia, temblando bajo el peso de los acontecimientos. La narrativa se repetía: La Tierra se ha cansado de los abusos y la negligencia de la humanidad. Ahora reclama lo que es suyo. Y así, en un mundo donde se había descubierto cómo desatar el poder destructivo de la naturaleza, la humanidad se vio obligada a adaptarse, a aprender y a encontrar una nueva forma de coexistir con su hogar.

El caballo negro

Apocalipsis 6:5-6

En un mundo donde las sombras se habían adueñado de la tierra, todo ser vivo desfallecía sentado sobre el polvo. Elías se sentía tan débil que, para evitar caer rendido al suelo, se recostó al tronco reseco de lo que quedaba de un árbol. Se esforzó por levantar la mirada en lontananza. Entonces solo vio destrucción a su alrededor. A lo lejos se veía una inconmensurable brecha abierta de donde provenían alaridos espantosos.

Entonces, desde las profundidades del abismo, emergió un caballo negro, tan oscuro como la noche más profunda. Su jinete, envuelto en un manto de tinieblas, sostenía una balanza en su mano. Con cada paso del caballo, pese a lo escuálido de su figura, la tierra temblaba y los susurros de la profecía se hacían más fuertes.

El jinete cabalgó hasta el corazón de la ciudad que ahora se encontraba en ruinas. Los cautelosos sobrevivientes, al ver la figura sombría, se llenaron de temor y angustia. Sabían que su llegada no era un buen augurio. El jinete detuvo su caballo sobre un extenso campo árido y levantó la balanza que portaba en su diestra, la cual brillaba con una luz espectral.

El jinete observó a su rededor con ojos que parecían ver más allá del presente, para luego exclamar con una voz que resonó como un trueno:

—A partir de ahora la espada será más apetecible que los padecimientos del hambre, puesto que la codicia a devorado el corazón de unos pocos y su riqueza se construye por montones sobre el sufrimiento de muchos.

La gente, que ahora se agolpaba en torno al jinete, temblaba ante los días por venir.

—Por cada medida de trigo que se venda a un precio exorbitante, habrá una medida de luto que será devuelta —proclamó, mientras la balanza oscilaba entre dos platillos—. Por cada acto de avaricia, una sombra se cernirá sobre los corazones de aquellos que se nieguen a compartir. Solo entonces, cuando muchos devoren a sus propios hijos, podréis comprender que el oro no puede saciar.

Una vez entregado el mensaje, el jinete expolió a su montura y el caballo negro se desvaneció en los confines de la noche.

Elías volvió a despertar sobresaltado de aquel espeluznante sueño. Una terrible desazón invadía su pecho. Se sentía desorientado, no reconocía el lugar en que se encontraba. ¿Por qué no estaba en su departamento? Entonces recordó. Era su cucheta ubicada en un rincón de la barraca acondicionada para el descanso de los ocupantes del búnker. En medio de los horripilantes sentimientos que invadían su pecho, decidió escribir el sueño que aún permanecía vívido en su memoria.

En una ciudad que alguna vez fue próspera, el cielo se oscureció con nubes de tormenta perpetua. Los edificios, ahora en ruinas, se alzaban como esqueletos de una civilización olvidada. Las calles, desiertas y cubiertas de escombros y ceniza, resonaban con el eco de pasos apresurados y susurros de desesperación.
En medio de este caos, otro grupo de sobrevivientes se movía sigilosamente, buscando refugio y recursos. Todo había sido devastado. Las nubes que otrora dieran vida a las tierras de cultivo, ahora las envenenaban con lluvia ácida. El aire apenas podía respirarse por la gran cantidad de ceniza volcánica y gases dañinos presentes en el ambiente. Los restos hinchados de animales se hallaban desperdigados por todas partes, inundando el ambiente de un nauseabundo olor a podrido.

Aunque el mundo exterior seguía siendo un lugar de pesadilla, dentro del refugio encontraron el verdadero significado de humanidad y compasión. Clara se convirtió en un símbolo de resistencia y convicción, demostrando que incluso en los tiempos más oscuros, la unidad y el espíritu de solidaridad podían prevalecer. La mezquindad se desvanecía en el torbellino de las adversidades.

Habían comprendido que sus sufrimientos no eran aislados, sino que estaban entrelazados como hilos en una vasta tela.

Una semana después del terremoto, las noticias que llegaban a través del viejo radio de onda corta a manivela fueron demoledoras. Los tsunamis habían arrasado ciudades enteras, llevándose vidas y dejando atrás solo desolación. Entre los nombres de las ciudades mencionadas, Clara escuchó uno que conocía bien: su hogar, la pequeña localidad costera donde había crecido. Un apretado nudo se formó en su estómago.

–Debemos salir –dijo de repente–. Debemos intentar llegar a la costa. Puede que haya sobrevivientes, o al menos podamos encontrar más respuestas.

Elías dudó, pero la determinación en los ojos de Clara le dio fuerzas. Pese a la reticencia de algunos en cuanto a delatar su escondite y exponerse a ser saqueados, llegaron a un consenso como grupo y comenzaron a preparar la salida. Solo trabajando juntos podrían enfrentar los horrores del mundo exterior. Recogieron todo lo que creyeron que podrían necesitar: comida, agua, botiquín, herramientas, incluso un par de armas por si acaso, y se aseguraron de que aquellos que aceptaron unirse a la expedición llevaran ropa adecuada para el viaje y tuvieran a mano las máscaras de gas.

En el búnker había un estacionamiento con varios vehículos listos para ser usados. Solo cuatro se animaron a emprender el viaje. La comitiva estaba encabezada por Clara, y Elías la seguía junto a dos más. Había un camión pesado de transporte de combustible, un ómnibus militar, una camioneta con ocho asientos y un todoterreno para dos personas. Así que optaron por llevar el ómnibus, por si encontraban más sobrevivientes, y el todoterreno, dado que era un vehículo ágil que podría adentrarse en lugares más escabrosos que fueran de difícil acceso.

El descenso del búnker fue un acto de valentía y desesperación. Al abrir la pesada puerta, un aire helado los golpeó. El cielo estaba cubierto por una espesa capa de ceniza volcánica que había oscurecido el sol, y la tierra temblaba de vez en cuando, recordándoles que el peligro se mantenía latente. Ahora parecía cernirse sobre la humanidad una era del hielo. Pronto descubrieron que la Tierra había cambiado para siempre, presentándose ahora deslucida, cubierta de nieve y carente de su antigua belleza.

Los paisajes a los que estaban habituados ahora se encontraban irreconocibles. Las montañas parecían más grandes y amenazantes, y el sonido del agua turbulenta a lo lejos se había convertido en un rugido constante. Clara lideraba el grupo, utilizando un mapa que ya casi no servía para guiarlos a través de los restos de un mundo que una vez fue vibrante, pero que ahora había sido trastocado por completo. En su camino, encontraron escombros de edificios, árboles caídos, carreteras parcialmente destruidas y la desolación que las fuerzas de la naturaleza habían dejado a su paso.

En la segunda noche de su viaje, se establecieron en un claro. Su marcha era lenta debido a que el camino estaba repleto de obstáculos ocultos por la nieve, pero sobre todo porque la prioridad era encontrar sobrevivientes. Mientras el grupo se reunía alrededor de una fogata, Clara se permitió rememorar su infancia. Recordó el aroma del mar, las coloridas fachadas de las casas, la risa de sus amigos, y la tranquilidad de las noches estrelladas. Les transmitía su convicción de que valía la pena ir en busca de sobrevivientes, pues todo lo demás se había ido, aunque su espíritu continuara presente y los recuerdos le infundieran vida.

Elías sonreía con admiración al escucharla henchida de optimismo. Desde que apareció en su desvalijado apartamento, supo que la amaba. Sin embargo, nunca se atrevió a confesárselo. No quería arruinar la relación de amistad que habían forjado en tan poco tiempo y de manera tan intensa como resultado de las circunstancias tan apremiantes que ahora reinaban. No obstante, tras una pausa, el ánimo de Clara flaqueó. Elías, al notarlo, se apresuró a aseverar:

—Podemos reconstruir —dijo, y todos lo escucharon—. Si encontramos a otros, si unimos fuerzas, podemos hacerlo. No está todo perdido.

Clara esbozó una tenue sonrisa para demostrarle su aprecio entre tanta desazón.

Al amanecer, continuaron su camino. Al principio se habían figurado que en cualquier momento podrían caer en una emboscada, pero a medida que avanzaban sus temores se fueron disipando. En un punto, llegaron a un acantilado desde el que podían ver la costa. Sin embargo, lo que encontraron no fue un hogar, sino un lugar arrasado. Las olas aún rompían contra la tierra, arrastrando cadáveres y lo que quedaba de lo que una vez fue un lugar hermoso. La escena era desoladora. A lo lejos, pudieron ver un grupo de sobrevivientes, pero la desconfianza y el miedo eran palpables en el aire. Un recordatorio de lo rápido que el ser humano puede inclinarse hacia su costado animal.

Con todo, decidieron acercarse. Tras algunas tensas negociaciones, lograron que aquel grupo, que también había perdido mucho, se uniera a ellos. Juntos comenzarían a planificar su supervivencia. No eran solo una congregación de sobrevivientes, ahora conformaban una comunidad. Pese al recelo, la mayor parte de las veces infundado, en el fondo todos deseaban confiar y estrechar vínculos con cada persona que encontrasen por el camino. Era una forma de hallar consuelo en medio del infortunio.

Con sus habilidades combinadas, proyectaban comenzar a construir refugios, cultivar alimentos y, sobre todo, mantener viva la esperanza.

–Estamos sedientos y la comida escasea –imploró el líder del grupo–. ¿Podrían compartirnos aunque sea un poco de agua?

–No solo agua, sino también comida y refugio –prorrumpió Clara con lágrimas en los ojos–. Suban al ómnibus. Los llevaremos con nosotros a un lugar seguro.

Elías, aproximándose a Clara, le susurró por lo bajo:

–Y esto recién ha comenzado.

Con el tiempo, aprendieron a convivir con la naturaleza en su estado salvaje. Se adaptaron a las nuevas realidades, encontrando formas de protegerse de las erupciones volcánicas y los temblores. Crearon sistemas de alerta temprana basados en los conocimientos del ingeniero, y sus vidas se convirtieron en un equilibrio delicado entre la lucha y la resiliencia.

Sin embargo, las erupciones continuaron, los terremotos nunca se detuvieron, los temporales eran impredecibles y el mundo seguía cambiando. Todo yacía entre ruinas. La vida había sido diezmada y el agua dulce no podía ser consumida. El cielo bloqueado por la ceniza volcánica impedía el pasaje de la luz solar, esto aunado a la lluvia ácida, hacía imposible cultivar nada. Rayos fulminantes golpeaban la tierra de manera azarosa y peligrosas granizadas caían sin previo aviso como producto de un clima inestable cargado de nubes tóxicas. Todo ello volvía extremadamente riesgoso andar al descubierto. Comprendieron entonces que el búnker era el único refugio efectivo para mantener la chispa de vida brillando. La comunidad, ahora reforzada por nuevos integrantes, se volvió un símbolo de resistencia, recordando que, incluso en la desesperación, había espacio para la esperanza y la empatía.

Una vez retornados al búnker, Elías descorchó una botella de vino fino. Había una despensa repleta de variados tipos y otros licores. Tenían motivos para celebrar. Se habían recostado frente a una chimenea alimentada a gas que imitaba una cálida fogata a leña. Le sirvió una copa a Clara y mientras describía suaves círculos con la suya, meditó un momento.

–Es increíble que estemos aquí con todos estos lujos, en medio de la abundancia, mientras hay gente allá afuera muriéndose de hambre en condiciones inimaginables.

–Es terrible que así sea, pero es poco lo que podamos hacer y de nada nos sirve añadir más angustia por cosas que no controlamos.

–Te contaré un dato sobre mí, no tomo bebidas alcohólicas desde que me bauticé hace algunos años.

–Ah, ¿no?

–No, pero hoy podría hacer una excepción solo por ti.

Clara pensó un segundo, luego tomó la copa que Elías tenía en su mano y la colocó sobre la mesa.

—Sabes, no quiero que rompas ese convenio por mí. Considero que tu integridad sea en gran medida la causa de que hayas tenido sueños tan reveladores. De modo que continúa así.

En ese momento ingresó al lugar un hombre de unos treinta años de edad, muy apuesto y con una sonrisa en el rostro.

—Disculpen si interrumpo algo. ¿Podría acompañarlos? Si no tienen inconvenientes, claro está.

Clara abrió grande los ojos ante la sorpresa. Su mirada brilló con el reflejo de la calidez de aquella fogata. Una sonrisa instantánea surgió de su rostro apesadumbrado.

—¡Julio! No había notado tu presencia entre el grupo que vino con nosotros.

El hombre sonrió ante el comentario.

—No te preocupes. Es que estabas muy atareada con tantas cosas que tampoco quise importunarte.

Elías de inmediato sintió que estaba de más allí. A juzgar por las miradas que entrecruzaban, el que estaba importunando era él. Así que se dispuso a dejarlos solos de la forma más cordial y disimulada posible. Pero en ese momento Clara habló:

—Julio, te presento a Elías. Él me dio refugio en su apartamento cuando inició todo y desde entonces hemos permanecido juntos intentando sobrevivir como hemos podido. Elías, Julio fue mi compañero de clases en la adolescencia y, por las vueltas de la vida, no nos volvimos a ver hasta ahora.

–Mucho gusto –dijo Julio extendiendo la mano y luego añadió con una amplia sonrisa–. Te agradezco que hayas cuidado tan bien de mi Clarita.

Elías solo atinó a asentir con la cabeza. Hacía tan solo unos días que su vida había dado un vuelco y ahora era su corazón el que lo volvía a hacer para su disgusto.

–Bueno, yo creo que me voy a ir a descansar un poco. Ha sido una jornada demasiado larga y extenuante, y veo que ustedes tienen mucho de qué hablar y tantas cosas que rememora. Así que los dejo solos para que puedan ponerse al día.

Clara arqueó las cejas ante la reacción de su fiel compañero de viaje. En ese momento sintió que, si bien Elías tenía razón sobre que tenían mucho de qué hablar, no deseaba que se fuese. Quería que se quedara, que conociera a Luis, pero sobre todo que continuara haciéndole compañía como lo había hecho hasta ahora. Reflexionó sobre el sentimiento que se encontraba experimentando y reconoció que era una mezcla de tristeza con añoranza.

–No te vayas –le pidió Clara–. Quédate a charlar un momento con nosotros.

–Te agradezco la invitación, Clara. Pero esta vez tengo que declinar la propuesta porque estoy demasiado cansado. Ustedes sigan disfrutando –dijo y se apresuró a marcharse.

La peste

Los días pasaban y el aburrimiento comenzaba a hacer mella en la nueva comunidad que se había formado. En el grupo de sobrevivientes había dos niños, Hansel y Gretel. Estos hermanos se habían vuelto inseparables debido a las experiencias tan atroces que debieron enfrentar, incluyendo la pérdida de sus padres. Ellos eran los más asiduos usuarios de la sala de juegos. Hansel tenía predilección por los videojuegos, en tanto que Gretel se inclinaba por los crucigramas alternados con algún que otro rompecabezas.

Entre los mayores había más diversidad de preferencias. Algunos se la pasaban durmiendo, otros optaban por cocinar, mientras que estaban los que se instalaban a ver maratones de películas en una de las televisiones que había. Las noticias acababan siendo puro morbo. Sin embargo, Luis era de los que les gusta salir a recorrer e investigar cada rincón. En su primera exploración encontró una pequeña sala repleta de monitores conectados a un sistema cerrado de vigilancia. Desde allí se podía controlar todo el complejo. En la pared colgaba un pequeño estante con cuatro pares de intercomunicadores en su interior. A un lado había una computadora. Luis la encendió, pero, como lo había supuesto, estaba bloqueada por contraseña. Sin embargo, esto no representaba ningún obstáculo para él, dado que era ingeniero informático y podría reiniciarla desde cero sin mayores inconvenientes. Así que se dispuso a hacerlo, pero eligió conservar la información que contuviese. Una vez dentro, comenzó a indagar en sus archivos. Para su decepción no encontró más que planillas de servicio, listas de contactos, planos básicos del lugar y procedimientos estandarizados para el personal de guardia. Lo que sí resultó muy interesante fue descubrir que tenía conexión a Internet. Para su sorpresa, la conexión era buena y muy rápida.

Elías, convencido de que Clara estaría muy entretenida con Luis, decidió buscarse un libro y refugiarse en su rincón. En cambio, Clara también había salido a recorrer el lugar, con lo que descubrió una serie de puertas con cerraduras de tarjeta. Así que se dispuso, movida por la curiosidad, a encontrar las tarjetas que abrieran aquellos recintos. Buscó por todos lados, pero no pudo encontrar el lugar donde las guardaban. Sin embargo, dio con otras puertas que resultaban todavía más intrigantes, dado que su apertura no era por tarjetas, sino que también tenían un panel con teclado digital como en la entrada principal.

Mientras pensaba cómo podría abrir aquellas cámaras secretas, se iluminó su mente.

–¡Qué tonta! –exclamó para sí–. El hall de ingreso. Las tarjetas deben de estar en la recepción.

Mientras se dirigía a la entrada pensó que más tarde le pediría al señor que los había traído que le diera la contraseña.

Las tarjetas estaban colgadas en un llavero en la recepción. Se las llevó todas. Al regreso, comenzó por abrir la primera puerta. Resultó ser una habitación con todos los lujos. Había sido prevista para un ocupante seguramente VIP llamado William von Stein. Clara recordó lo que les había contado Roberto.

La habitación era amplia, teniendo en cuenta que se trataba de un búnker, y contaba incluso con un yacusi. La cama era de dos plazas y media y el colchón era muy confortable. Había un frigobar, televisión y hasta un tocadiscos. Se fue de inmediato a las otras puertas. Todas las habitaciones eran similares, aunque variaban en el equipamiento.

Probó la comodidad de la cama y mientras se estiraba, encendió la televisión. Era un noticiero, para variar. Enseguida se dispuso a cambiar de canal, pero se detuvo un momento. Estaban hablando de que el Ártico había experimentado un deshielo acelerado por la inusitada ola de calor, lo que provocó un aumento drástico en el nivel del mar. Las islas y las regiones costeras de todo el mundo habían comenzado a desaparecer bajo las aguas. Los glaciares, que habían sido testigos silenciosos del paso del tiempo, se derritieron.

–Esto, según los expertos, ha ocasionado que se liberasen antiguos virus y bacterias que habían estado atrapados en el hielo durante milenios. Un brote de una especie de viruela desconocida a comenzado a extenderse en varias regiones del mundo. Un panel de virólogos y epidemiólogos designados por la OMS se encuentra monitoreando la situación ante el rápido aumento de casos. Las autoridades sanitarias de todos los países se encuentran en estrecha coordinación con la OMS y observan con creciente preocupación el incremento en las hospitalizaciones.

Cambió de canal, pero el tema era el mismo:

–Una cepa de virus desconocida. Los hospitales comienzan a llenarse de pacientes, mientras que las sirenas de ambulancias recorren las ciudades en busca de personas afectadas. Los principales laboratorios ya se encuentran trabajando a contrarreloj en la búsqueda de una vacuna.

Volvió a cambiar de canal. Quería ver otra cosa. Ya estaba harta de tantas malas noticias:

–Debido al deshielo, han comenzado a aflorar bacterias primigenias que habían permanecido en estado suspendido por eones –explicó el invitado a la periodista–. Se han detectado síntomas extraños: tos seca que en ocasiones puede convertirse en un torrente de sangre, fiebre muy alta, y manchas negras que comienzan a cubrir el cuerpo de los enfermos.

Según todos los noticieros la peste, como un espectro invisible, se deslizaba por las calles de la ciudad, infectando a todos a su paso. Nadie estaba a salvo. Los hospitales se llenaban rápidamente, y los médicos, impotentes, solo podían observar cómo sus pacientes morían uno tras otro, seguidos por ellos mismos. Las audaces cámaras recorrían los pasillos atosigados de camillas con enfermos y gente tirada en el piso contra la pared. Daba toda la impresión de que la muerte había comenzado a extender sus alas, agitándolas sobre las multitudes indefensas. Según las estadísticas, la enfermedad se propagaba con una velocidad aterradora.

En cuestión de días, las ciudades más grandes del mundo estaban en cuarentena. A medida que la enfermedad avanzaba, las metrópolis comenzaron a cerrarse; las calles, antes llenas de bullicio, se tornaron en resonancias lejanas de lo que una vez fueron.

Los medios alternativos, descreídos del sistema e inicialmente escépticos, pronto no pudieron ignorar el creciente número de muertes. A diferencia de pandemias anteriores decretadas por la OMS, donde todo había sido una puesta en escena, ahora la gente realmente se infectaba y moría por millares. La peste, como la llamaron, se expandió a un ritmo que nadie hubiera previsto. Pese a los esfuerzos de contención, se propagó cual crespón mortuorio que cubría toda la tierra.

El encierro

Manipulando los sistemas de comunicación descubrieron que podían entrar en contacto con un refugio ubicado en la Patagonia argentina y con otro en Perú. Uno de los interlocutores relató:

—Los vecinos, antes amigos, comenzaron a desconfiar unos de otros. La paranoia se ha apoderado de la población. Se construyeron barricadas, se levantaron muros y la gente empezó a alejarse, buscando refugio en la soledad. Algunos de aquellos que no se han infectado se han organizado en grupos, luchando por los escasos recursos. La mayoría de médicos y enfermeros han muerto. El sistema sanitario ha colapsado y ya no abre sus puertas a nadie. Por si fuera poco, la comida, el agua y los suministros médicos se volvieron artículos exiguos. Los sobrevivientes se agrupan en clanes; los conflictos por el control de los escasos recursos se vuelven cada vez más violentos. Lamento decir que la sociedad se desmorona por estos lares, amigos.

Desde Perú uno comentó:

—En nuestro refugio, pese a estar completamente aislados, ha habido varios casos de infección. Sin embargo, aunque es una enfermedad muy virulenta que causa la muerte en poco tiempo, el resto de nosotros no se ha contagiado. Ya se está hablando en los medios de que existe un grupo de sobrevivientes que son inmunes al virus por razones desconocidas.

–Aquí ha ocurrido lo mismo –afirmó un argentino–. Cuando se dio el primer caso, quedamos aterrorizados pensando que todos moriríamos encerrados en este recinto; sin embargo, la enfermedad no se esparció al resto del grupo. Los sobrevivientes en las ciudades han tenido que enfrentarse no solo a la enfermedad, sino también a otros humanos desesperados y violentos. Además, las tormentas repentinas siguen llegando. Ahora se ha instaurado la ley marcial y está completamente prohibido el tránsito de personas por las calles.

No habían terminado de hablar cuando llegó un integrante del grupo al cuarto donde estaban instalados los aparatos de telecomunicaciones:

–¡Clara! ¡Luis! Traigo malas noticias.

Los tres corrieron en dirección a la enfermería. Al llegar, encontraron a Elías con una mascarilla puesta, atendiendo a una señora.

Elías al notar su presencia, les advirtió:

–¡No se acerquen! Nos comunicaremos a través de los walkie-talkies.

Entonces vieron que la mujer estaba cubierta de manchas negras y convulsionaba con bruscos movimientos espasmódicos.

–¡Cierren la puerta! –volvió a gritar–. ¡Y váyanse de aquí!

Obedecieron la orden y comenzaron a retroceder temiendo que fuese demasiado tarde. Muy preocupados, se fueron cabizbajos hacia el comedor. Al llegar a la puerta descubrieron con horror cómo otros dos hombres se encontraban tendidos en el suelo, convulsionando, sudando a mares y cubierto de manchas negras todo su cuerpo. Clara supo que había llegado el fin. La peste arrasaría con todos ellos.

En menos de dos días había muerto la tercera parte de los residentes del búnker. Los que aún no habían contraído el virus esperaban caer enfermos de un momento a otro. La tensión era máxima. Los cuerpos seguían acumulándose fuera del recinto donde se hallaba Elías. Sin embargo, pasadas cuarenta y ocho horas, Elías comenzó a percibir que algo no andaba bien. Entretanto que intentaba manejar aquella situación de la mejor forma posible, sintiendo el peso abrumador de la soledad, cayó en la cuenta de que la recámara donde incineraban los residuos había sido diseñada con el propósito de cremar un eventual muerto. Así que, procurando cortar la infección, procedió a destruir los cuerpos de aquellos que habían fallecido por causa de la peste. Uno a uno, murieron diecisiete personas en una rápida oleada que se desarrolló a un ritmo espeluznante. No obstante, así como comenzó aquella pandemia mortífera, súbitamente se detuvo.

Elías estaba exhausto. Había trabajado incansablemente en su intento por evitar el contagio entre los integrantes del grupo. Una de sus prioridades había sido deshacerse de los cadáveres en los hornos de cremación. Pero eran tantos y el proceso tan lento que todavía tenía mucho trabajo por delante. Les había pedido que se mantuvieran alejados tratando de minimizar los riesgos, mientras él se encargaba de resolver el asunto. Entretanto ellos le depositarían la comida frente a la puerta de entrada al sitio de destrucción de deshechos. En un momento, hizo una pausa para comer algo y mientras masticaba sin apetito, sintió una voz dulce por el aparato.

–¿Cómo estás? ¿Cómo te sientes?

Lo sorprendieron las ganas que le sobrevinieron de abrazarla y besarla.

–Estoy bien. Me siento un poco cansado, pero por ahora no he tenido ningún tipo de síntoma.

–Eso es bueno, muy bueno. Quizás eres inmune al virus, ya han pasado más de dos días desde que ocurrió el último caso. Es más, creo que todos debemos serlo porque la mayoría ha tenido contacto con los que han muerto y no nos ha pasado nada aún. ¿Tú qué crees?

Elías pensó un momento. Aquella situación no tenía sentido. Tantas personas enfermas de golpe, muriendo de manera fulminante al día siguiente, y el resto no presentaba ningún tipo de síntomas.

–¿Has comido algo? No puedes estar sin comer –dijo Clara.

–Sí, me estoy obligando a comer en este momento.

–No sé si esto te sonará desconsiderado, pero entre tanta tragedia me consuela saber que Hansel y Gretel están bien.

–Yo siento lo mismo. Estos días he rogado para que no aparecieran frente a esa puerta sus pequeños cuerpos. Lamento que haya habido tantas muertes, pero estoy feliz de que todos ustedes estén bien.

Se hizo una pausa.

–Te extraño –susurró Clara.

Elías sintió que su corazón se detenía. Con la llegada de Luis, se había convencido de que no tendría ninguna oportunidad, que ya lo habría olvidado. Y ahora que hacía un par de días que se encontraba manipulando cadáveres que habían sido consumidos por una peste mortífera había perdido toda esperanza de volverla a ver siquiera.

–Yo también. No sabes cuánto.

Un silencioso suspenso detuvo el tiempo.

–Te besaré cuando salgas.

–Bromeas con eso porque sabes que es probable que no salga de aquí –dijo riendo.

–No estoy bromeando y estoy segura que lo lograrás.

Elías apoyó su cabeza contra la pared y suspiró hondo.

–¿Sabes qué? –preguntó él.

—¿Qué?

—He estado pensando en lo que ha ocurrido y me ha surgido una interrogante.

—Cuéntame —exclamó ella.

—Antes de explicarte mi idea, necesito que vayas con los demás y les preguntes a todos si se vacunaron durante la última pandemia.

Clara no cuestionó su pedido, se puso de pie y fue a interrogar a los sobrevivientes. Uno a uno fue presentando un patrón característico: ninguno se había vacunado. Sin embargo, dos de ellos sí habían recibido la inmunización.

Cuando Elías recibió los datos se quedó un tanto desconcertado.

—Pregunté todo lo referente al asunto y entre ellos, cinco eran parientes de cinco de los fallecidos, los cuales me confirmaron que habían recibido varias dosis de la vacuna. En cambio, los dos que sí se vacunaron y sobrevivieron se dieron tan solo una dosis. Ahora, ¿puedes contarme qué estás pensando?

—Te parecerá una locura, pero creo que ha sido la vacuna la que ha ocasionado todo esto y no un virus. Puede que haya sido concebida para que tuviese un efecto retardado, como una bomba de relojería programada para estallar tiempo después. O incluso que fuese como una detonación de forma remota en el momento indicado. Piensa, a estas alturas es evidente que no ha habido contagio entre nosotros y varios días después de habernos recluido en este lugar comenzaron los brotes y las muertes.

Y ahora vemos que aquellos que no fueron vacunados no se infectaron. Nada de eso tiene sentido.

—Es cierto. En los otros refugios ha ocurrido lo mismo.

—¿Otros refugios? —preguntó sorprendido Elías.

—Sí, hemos entablado comunicación con dos refugios más. También nos han contado que se ha establecido la ley marcial en todas partes.

—Eso corrobora mi teoría, puesto que están intentando cortar la interacción entre la gente mediante el confinamiento para que no logre atar cabos. Al encerrarlos los aíslan de los demás, de esa manera compartimentan la información al incomunicarlos. No me sorprendería que en lo sucesivo hubiese un apagón masivo o un corte total de todo medio de comunicación.

Clara pensó un instante.

—Pero, ¿qué ocurre con Carlos y Roberto? Ellos sí se vacunaron y no les pasó nada.

Elías se tomó un momento para pensar. Tenía razón. Aquel detalle significaba un enorme agujero en el guion. Tal vez estuviese equivocado y por ello sus conjeturas comenzaban a caer.

—¿Sabes qué? —dijo Clara con entusiasmo en la voz—. Una vez vi un documental que hablaba sobre un experimento de laboratorio realizado en un grupo de ratas. Una de las cosas que aprendí y que más me llamó la atención de aquel programa fue la utilización de placebos en la mitad de los animalitos. Tú debes saber más que yo sobre ese asunto.

Elías abrió los ojos sin dejarla terminar de hablar.

—¡Eso es! Muchos habrán recibido placebos para borrar las huellas del crimen. Una forma de crear encrucijadas que desvíen del camino que lleva a la madriguera. Eso explica por qué Roberto y Carlos están completamente sanos. Luego se atribuirán el mérito de que sus laboratorios han conseguido erradicar la peste, erigiéndose como los salvadores, cuando siempre han sido los culpables.

El apagón

Luis y Clara regresaron a la sala de telecomunicaciones. Deseaban saber más de lo que pasaba allá afuera. Querían conocer más sobre los testimonios de otros sobrevivientes y, sobre todo, corroborar la hipótesis de Elías. Pero cual no fue su sorpresa cuando descubrieron que había habido un corte masivo de comunicaciones. Nada funcionaba. Entonces Luis recordó el cuarto de vigilancia donde estaba la computadora con Internet.

–Acompáñame. Conozco una sala donde hay Internet. Así podremos volver a enlazar con otras personas.

Al llegar a la sala repleta de monitores que mostraban todo el lugar, Clara se sorprendió.

–Wow, veo que esta es la sala de control.

–Así es. Desde aquí puedes ver todo lo que ocurre en el complejo. Veamos, desde esta computadora podemos tener acceso a Internet y recabar más datos de lo que está sucediendo allá afuera.

La encendió y esperó un momento. Pero enseguida comenzó a ponerse nervioso.

—¿Qué ocurre? —preguntó Clara al ver su reacción.

—No entiendo qué está ocurriendo. Esta computadora tenía acceso a Internet. De hecho, la conexión era muy buena y veloz. Y ahora se ha cortado por completo el acceso.

—Eso no me sorprende para nada —dijo Clara—. Está ocurriendo tal cual Elías lo había previsto. Este apagón o interrupción de las comunicaciones se ha efectuado de manera coordinada con el propósito de que la gente no se entere del engaño. En este momento la población está encerrada, aterrorizada, desahuciada e incomunicada. Han sumido a la humanidad en una oscuridad de desesperación y miedo. Cada vez queda más claro que esto es un ataque masivo dirigido contra la humanidad. Se han propuesto exterminarnos a todos, pero sin que siquiera lo sospechemos.

—Clara, ¿realmente crees todas esas tonterías?

—Ven. Vayamos a hablar con Elías. Juntos podremos dilucidar mejor todo este embrollo.

Cuando llegaron al sector de cremación, Clara no lo dudó. Abrió la puerta e ingresando decidida al recinto, abrazó a Elías con fuerza.

—¡Clara! —exclamó pálido Luis mientras observaba desde fuera cómo ella se metía sin ningún temor al contagio.

—No temas —dijo ella—. Si es como estuvimos hablando, no hay nada de qué temer. Elías, veníamos a decirte que ha ocurrido tal cual lo vaticinaste. Ha ocurrido un corte masivo de comunicaciones. No hay Internet, se ha cortado toda transmisión por televisión o radio, y creemos que solo los generadores funcionan.

Elías agachó la mirada. No parecía contento de que sus inferencias hubieran resultado acertadas. Entonces extrajo una pequeña libreta de su bolsillo.

–¿Qué es eso? –preguntó Clara.

–Aquí he estado anotando una serie de sueños muy extraños y vívidos que he tenido desde que todo esto ha comenzado a suceder.

–¿Sueños? –inquirió Luis–. Vamos chicos. Primero tú me vienes con todo tipo de descabelladas teorías de la conspiración y ahora Elías resulta ser un profeta que tiene visiones.

–¡Luis! No estás entendiendo la gravedad del asunto. Esto va más allá de nosotros. ¿Qué sueños has tenido?

Comenzó por el sueño del relojero, luego siguió con el sueño sobre el caballo blanco, luego con el del caballo rojo y luego el del caballo negro.

–Son sueños muy aterradores –comentó Clara.

–Vamos, chicos. Son solamente sueños, nada más –dijo Luis.

–Es que todavía no les he leído el último sueño que tuve esta mañana antes de despertar.

–¿De qué se trata? –inquirió intrigada Clara.

–Es sobre un caballo pálido.

El caballo pálido

Apocalipsis 6:7-8

Elías comenzó a relatarles su último sueño con temor de lo que pudieran pensar:

–La última hoja del calendario cayó al suelo. Las agujas del reloj se detuvieron. Fue como si los latidos de mi corazón hubieran dejado de palpitar. Entonces, alcé la mirada y vi el cielo teñirse de un amarillo enfermizo. Desde el horizonte, emergió una figura espectral montando un caballo de huesos pálidos. Su capa era de aspecto andrajoso y su hedor inmundo. Era un ser con ojos vacíos y una presencia que helaba la sangre. Su nombre resonaba en cada rincón del mundo: Muerte. Y tras él, como una sombra inevitable, le seguía el Hades, un espectro ominoso que reclamaba a los caídos.

La tierra temblaba bajo sus cascos resquebrajados, cada paso marcando un destino ineludible para la cuarta parte restante de los que habían habitado una vez el planeta. Con cada galope, las ciudades se llenaban de desolación. Los ríos se secaban, los campos se convertían en eriales y el hambre se esparcía como una plaga invisible. Entonces aparecieron grandes monstruos marinos que aterrorizaron a la gente. Las ciudades ardieron en llamas. Con cada nuevo flagelo que aparecía la humanidad era expuesta a mayores peligros.

Se sentía como si los juicios finales no hubieran llegado con estruendo, sino con un silencio aterrador, pero avanzando cual onda expansiva desoladora. Alguien había desatado fuerzas que no comprendía y, al hacerlo, selló su propio destino. La atmósfera se sentía densa, como si el aire mismo tuviera miedo de moverse. La gente había comenzado a desaparecer sin dejar rastro. Los rostros familiares se desvanecían en un instante. Muchos decían que habían sido abducidos por los extraterrestres. Todo se transformó en un recuerdo borroso de lo que alguna vez había sido. La tristeza estrujó el ánimo de todo el mundo.

Mi corazón latía con fuerza, mientras el viento aullaba como si todas las cosas supieran lo que se avecinaba. Se detuvo ante mí, seguido por un ejército de muertos de aspecto decrépito. Era una criatura imponente que parecía emanar un brillo mortecino propio. Un escalofrío recorrió mi espalda. Quedé paralizado de pavor y mi lengua se trabó. Entonces tú Clara, subiste la colina impelida por una voluntad que ardía con tanta intensidad que ningún jinete podía apagar. Pude sentir que las leyendas sobre tu valor se contarían por generaciones. Y estando a mi lado, tomaste mi mano y me infundiste un valor que me permitió hablar otra vez.

—¿Por qué has venido? —pregunté angustiado.

–Por la maldad desmedida de unos pocos, muchos pagarán a un alto precio una porción de su deuda, por un tiempo, y tiempos y la mitad de un tiempo.

–Siempre hay esperanza –exclamé casi por instinto.

–¿Esperanza? –el jinete lanzó una carcajada, una risa que resonó como el crujir de los huesos–. La esperanza es un lujo que no se pueden permitir en tiempos como estos.

Entonces Clara dijo con osadía:

–La esperanza es la última barrera entre la vida y el vacío, la soga que sostiene a la humanidad suspendida sobre el abismo.

En ese momento, el jinete expolió al aterrador animal, el cual con un giro, se dio la vuelta y desapareció entre la niebla.

Cuando Elías concluyó de leer, Clara escuchaba con la boca abierta. Por su parte, Luis no pudo evitar opinar:

–¡Vamos amigo! Parece un relato contado alrededor de una fogata para espantar a los niños.

En su corazón, Elías albergaba la esperanza de que tales historias fueran solo fábulas, pero cada vez se convencía más de que eran muy reales, daba la impresión de que iban cumpliéndose una a una de manera inexorable.

–¿Qué crees que pueda significar? –preguntó Clara, restándole importancia al comentario de Luis.

–Creo que es una cronología de lo que está ocurriendo y concuerda con los sellos que se narran en la Biblia, en el libro de Apocalipsis, capítulo seis, para ser más específico.

–No, esto es demasiado –protestó Luis–. Tantas muertes han trastornado sus mentes y resulta evidente que han comenzado a desvariar.

–Luis, ¡por favor! –le interrumpió Clara–. Sé que hay cosas que son difíciles de aceptar, y más cuando el mundo comenzó a derrumbarse durante un partido de fútbol, pero banalizar su importancia no cambiará nada. Piensa esto. Hace algunas semanas atrás, si te hubiesen contado que todo esto iba a pasar, ¿lo hubieras creído?

Luis se llamó a silencio. Recapacitó en que todo lo que estaba aconteciendo era demasiado fuerte para ser cierto, y sin embargo, efectivamente estaba pasando.

–Elías, ¿qué crees que podría ocurrir después de esto? –continuó averiguando Clara–. ¿Has considerado alguna hipótesis?

–No estoy seguro. Estuve estudiando lo que dice y es todo muy alegórico, repleto de símbolos difíciles de descifrar, pero podría ser que esté a punto de desatarse una guerra a escala planetaria, pero no un enfrentamiento ordinario como los que estamos acostumbrados a ver, sino uno definitivo, quizás una guerra nuclear llevada hasta las últimas consecuencias. Por lo demás, no termino de entender el cuadro completo.

–Es lo que quieren aquellos que están detrás de todo esto –masculló indignada Clara–, que nos desmoralicemos sin entender qué está ocurriendo y por fin muramos todos, aun matándonos entre nosotros mismos. Por eso debemos luchar más que nunca y con mayor determinación por la vida, y no doblegarnos ante la desolación.

Clara le inspiraba un renovado sentido de propósito, le daba significado a toda aquella locura. A pesar de las dificultades y los padecimientos, se negaba a dejarse consumir por el miedo y entregarse así a la desesperación. Sentía que juntos podían transformar el último susurro de la muerte en un canto de vida y una oda al valor.

–Debemos enfrentarnos a la Muerte con valentía y dignidad, decididos a luchar hasta el último aliento –proclamó Elías, en respaldo a las palabras de Clara–. Y para esto necesitamos prepararnos lo mejor que podamos, sobre todo mental y anímicamente, para poder enfrentar lo que viene.

Las divisiones entre ricos y pobres se habían agudizado. La naturaleza, ultrajada y utilizada para hacer el mal, parecía estar al borde de un colapso irreversible. Un clima enrarecido, cargado de desasosiego, parecía empaparlo todo. La humanidad, ahogada por las inclemencias del tiempo y las fuerzas desatadas de la tierra, consumida por la guerra y la peste, se aferraba a los últimos vestigios de vida bajo la ignominiosa compañía del hambre más atroz.

–Y, ¿cómo sabremos lo que está ocurriendo allá afuera? –preguntó Luis, sin saber cómo aportar algo de valor. Supo que trivializar la situación no serviría de mucho–. Solo así podremos corroborar que lo que Elías ha estado soñando sean realmente una especie de premoniciones y entonces tal vez podríamos anticiparnos.

–No lo sé –dijo Clara–. Tal vez tú tengas la respuesta a esa pregunta. Tú eres el ingeniero informático. Si no logras restablecer la comunicación, nadie entre nosotros podrá hacerlo.

Luis se retorció el mentón intentando hallar la manera de resolver aquel inconveniente. Primero debía averiguar el motivo por el que se había cortado toda línea de comunicación. Luego vería cómo se las ingeniaría para reestablecerla o qué artilugio improvisaría para salir del paso.

–Veré qué puedo hacer –dijo y se marchó.

Ya solos, Clara se acercó a Elías como si fuese a revelarle un secreto. La respiración de Elías se agitó pensando que quizá fuese a besarlo. Entonces ella le dijo por lo bajo:

–Te centraste en una posible guerra nuclear, pero a mí también me inquietó el detalle de que un ejército de muertos se moviera detrás del jinete. ¿Qué crees que pueda significar eso? –preguntó, apretando los labios.

–A estas alturas no descarto ninguna posibilidad –dijo, mirándola fijo.

En ese momento llegó Elena, una joven que estaba con el grupo que habían traído de la costa. Su agitación no era una buena señal.

–¡Elías! ¡Clara! Vengan conmigo –rogó de manera angustiosa.

Corrieron detrás de la muchacha en dirección al cuarto de vigilancia. Al entrar, encontraron a Luis observando los monitores.

–¿Qué ocurre? –preguntó nervioso Elías, sin saber con qué se encontrarían.

Luis, en su concentración, no quitó los ojos de una de las pantallas. Eran las imágenes que estaba captando la cámara ubicada en el recinto de cremación. Luis permanecía en completo silencio sin voltearse. Se acercaron para observar con mayor claridad, pero no vieron nada extraño.

–¿Qué ves? –preguntó susurrando Clara.

–Observa ese pie –dijo con gravedad Luis, al tiempo que señalaba con su dedo en la pantalla.

–¿Qué ocurre? ¿Qué pasa? No veo nada raro.

–Espera –ordenó Luis–, espera.

Transcurrieron unos segundo hasta que el pie tuvo un movimiento espasmódico casi imperceptible. Todos contuvieron la respiración.

–No es el primero en moverse. De los tres cuerpos que todavía restan por ser cremados, dos ya han registrado sacudidas similares.

Nadie se animó a decir palabra.

–Creo que no han fallecido. Me temo que los hayamos dado por muerto, con la consiguiente cremación, cuando tal vez hubieran estado en un estado suspendido, una especie de catalepsia o algo similar. Me horroriza pensar que quizá los hayamos cremado mientras aún estaban con vida.

Clara se llevó la mano a la boca. Elena comenzó a sollozar. Elías, en cambio, tragó saliva.

–Si es así, es un hecho lamentable, pero yo constaté la muerte de todos ellos. Bien podría ser otra cosa.

–¿A qué te refieres? –interrogó Clara.

–Quizá sea el *Hades* que sigue a la *Muerte*, los muertos vivientes que Elías vio en su sueño –reflexionó Luis abstraído–. No lo sé.

Todos intercambiaron miradas.

–Por increíble que parezca, es una posibilidad –agregó Elías–. Aunque no podría aseverarlo.

Clara se puso de inmediato a indagar en los archivos de su mente. Se había abocado de tal manera a cuidar de aquella gente ahora alojada en el búnker, que había dejado de lado su instinto reportero, su olfato investigador. Haciendo un rápido escrutinio recordó cierta información que había recopilado sobre nanotecnología y experimentos de control mental que se venían realizando desde principios de la década del sesenta. De hecho, muchos investigadores independientes habían denunciado la existencia de este tipo de tecnología en las vacunas. Un escalofrío recorrió su cuerpo.

–¿Y si esto fuera causado de manera artificial?

–¿A qué te refieres?

–Tal vez pudiera ser que estén siendo controlados a distancia, como autómatas a control remoto.

–¿Quién estaría haciendo algo semejante?

–Quién no, sino qué. Elías dijo que constató su defunción y el sueño que tuvo revela que efectivamente estaban muertos, pero existen estudios que afirman que las células del cuerpo pueden conservar su energía y seguir funcionando durante un tiempo después de la muerte[1], incluso varios días.

–Es cierto –afirmó Elías–. El fenómeno conocido como el "tercer estado"[2]. Recuerdo haber leído sobre el descubrimiento realizado por el profesor Peter Noble, de la Universidad de Washington, Seattle, y Alex Pozhitkov, del Centro Médico Nacional *City of Hope* en Duarte, California.

–¿De qué se trata? –preguntó Luis.

–Las condiciones ambientales, el tiempo transcurrido desde la muerte, la actividad metabólica y la capacidad de preservación juegan roles clave en el proceso. Por ejemplo, en humanos, los leucocitos pueden sobrevivir hasta 86 horas después del fallecimiento, mientras que en ratones,

---

[1] https://www.telemundo.com/shows/al-rojo-vivo/ciencia-y-tecnologia/vida-despues-de-la-muerte-revelan-lo-que-sucede-con-las-celulas-al-mor-rcna171715

[2] https://www.infobae.com/america/ciencia-america/2024/10/03/que-es-el-tercer-estado-el-desafio-de-las-celulas-que-pueden-seguir-funcionando-mas-alla-de-la-muerte/

las células musculares esqueléticas pueden regenerarse hasta 14 días después de la muerte del organismo. Una de las hipótesis más aceptadas que se han formulado para explicar cómo estas células pueden seguir funcionando después de la muerte, sugiere que ciertos canales y bombas en las membranas celulares actúan como complejos circuitos eléctricos. Estos generan señales eléctricas que permiten la comunicación celular y la ejecución de funciones específicas, como el crecimiento y el movimiento, lo que da forma a las nuevas estructuras multicelulares. Los anthrobots podían ser útiles para ello, pero desde que en 2020 se descubrieran los xenobots, todo podría ser mucho más sencillo.

–¿Qué son los anthrobots y los xenobots?

–Los anthrobots son bots biológicos, creados a partir de células vivas. En cambio, los xenobots son un tipo de organismo multicelular sintético creado a partir de células de ranas, específicamente de la especie Xenopus laevis, una rana africana. Estos "robots biológicos" fueron diseñados en 2020 por un equipo de científicos de la Universidad de Vermont y la Universidad de Tufts, quienes utilizaron técnicas de biología celular y modelado por computadora en base a Inteligencia Artificial. Representan una nueva categoría de organismos que combinan la biología y la robótica, y a diferencia de los robots tradicionales, los xenobots son biodegradables, pueden trabajar en conjunto y realizar tareas específicas a través de su entorno, pero lo más fascinante es su capacidad de autorreplicarse agrupando células madre para formar nuevos xenobots[3].

Clara entreabrió su boca por la sorpresa.

–Los nanobots que denunciaban algunos investigadores. Este tercer estado entre la vida y la muerte es la causa de la aparición de manchas negras. Los huéspedes lucharon contra la invasión de sus cuerpos mediante la fiebre y las convulsiones, tratando de expulsar al ocupante mediante la tos, pero todo este proceso solo produjo más energía que sirvió para alimentar a estos organismos sintéticos y proveerles del ambiente ideal para su replicación masiva.

–Puede ser cierto. Los avances en esta materia han sido exponenciales en los últimos tiempos. Los resultados finales son impredecibles. Quién sabe que otros experimentos han estado realizando que no han sido revelados.

Elías no había terminado de hablar, cuando Luis lo manoteó sin decir palabra.

–¿Qué ocurre?

–Creo que uno de ellos se está sentando.

–Se está incorporando –susurró sin salir de su asombro Elena–. ¿Qué haremos?

–Debemos advertirle a los demás –dijo con convicción Clara.

---

[3] https://wyss.harvard.edu/news/team-builds-first-living-robots-that-can-reproduce/

Estaban todos por salir del cuarto, cuando Clara los detuvo:

–¡Esperen un momento! Elena, tú quédate aquí monitoreando lo que ocurre con los tres cuerpos del crematorio. Cierra con llave la puerta. Aquí estarás segura. Nos comunicaremos contigo a través del radio. Entretanto, indícales a todos mediante el sistema de altavoces que se dirijan de inmediato a la sala de seguridad. ¿Está bien?

Elena asintió temblorosa.

Salieron corriendo en dirección a la sala reforzada donde se guardaba el armamento, chalecos antibalas, equipos de comunicaciones, entre otras cosas. Allí estaban casi todos visiblemente contristados. Algunos todavía permanecían en el comedor y la sala de dispersión pese a las advertencias emitidas por Elena. Al verlos pasar cual ráfaga de viento a través de los grandes ventanales que separaban aquellos salones de la recepción, se apresuraron a seguirlos. Su inusual actitud puso muy nerviosos a todos. Desde hacía un tiempo todos estaban en constante alerta.

–¿Qué ocurrió? –preguntó uno del grupo.

–Sería complicado de explicar –farfulló agitada Clara–. Por el momento debemos permanecer en esta área.

–¿Por qué?

–Porque es segura.

Todos se miraron alterados.

–No sé si lugares como el comedor, donde hay grandes ventanales, servirían de resguardo ante cualquier eventualidad.

El militar no pudo evitar preguntar lo obvio en representación de todos:

–¿Resguardo? Estamos dentro de un búnker bajo una montaña de roca sólida.

Clara observó fugazmente a Hansel y Gretel. Había cosas que preferiría no explicitar delante de ellos para no afectarlos innecesariamente. Así que trató de informarles sin provocar una alteración excesiva.

–Escuchen, hay niños presentes. Sean comprensivos. Solo les diremos que aquí estarán seguros y que Elena nos mantendrá informados de cualquier cambio que surja a través de los comunicadores. Necesitamos voluntarios que nos acompañen a investigar algo que todavía no está confirmado.

Cinco hombres levantaron la mano.

–Bien, Carlos y Adrián irán con nosotros y ustedes tres permanezcan aquí –dijo Elías.

El militar repartió armas cortas para todos porque consideró que entre un grupo de civiles sin experiencia en el uso de armas de fuego, sería lo más sencillo de manipular.

Luis se acercó a Elías por el costado.

–¿Por qué los vas a dejar aquí?

–Porque necesitamos personas decididas que estén dispuestas a defender a los demás por si ocurriese lo peor.

–Vengan los cinco afuera –dijo Clara.

Una vez afuera, les explicaron lo que estaba ocurriendo. Algunos no daban crédito al relato, así que Clara optó por llamar a Elena por el intercomunicador.

–Elena, habla Clara.

–Dime.

–¿Cómo estás?

–Bien, un poco asustada, nada más.

Los cinco se miraron unos a otros.

–No te preocupes. Todo va a estar bien. ¿Has visto algún otro movimiento?

–Lo poco que ha pasado ha sido similar a lo que ustedes vieron… espera…

Clara hizo una pausa agónica.

–¿Elena?

Nada.

–Elena, ¡háblame!

–Creo que… creo que…

Clara miró a Elías, quién tomó el radio.

–Elena, ¿qué está ocurriendo?

–Creo que falta uno –musitó con la voz quebrada.

–Debemos ir a ver que pasó –dijo Clara, a punto de salir corriendo hacia el crematorio.

–Espera –la sostuvo Elías–. Seamos precavidos. No sabemos cómo van a reaccionar. Tal vez se pueda mover con cierta soltura o quizá solo se esté arrastrando por el piso. Con todo, no podemos ir en desbandada si queremos evitar una sorpresa desagradable.

–Tiene razón –sostuvo el militar–. Primero que nada, ¿saben utilizar esas armas?

–Yo practiqué tiro en un polígono hace algunos años –dijo uno de los cinco.

–Bien. Tú te encargarás de explicarle a ellos dos cómo se dispara, mientras nosotros vamos yendo. En el camino les diré cómo se usan estas pistolas.

Los tres quedaron en la sala de seguridad, trancando la puerta por dentro. En tanto, los seis comenzaron a avanzar con precaución al tiempo que iban recibiendo una instrucción comprimida sobre operaciones especiales.

Cuando llegaron al crematorio, comprobaron que efectivamente había dos cuerpos y que uno estaba sentado inmóvil. Verlo con sus propios ojos resultó más perturbador de lo que hubieran creído.

–¿Qué haremos? –preguntó Luis.

–Debemos separarnos –dijo el militar–. Tres queden aquí controlando a estos dos, mientras nosotros tres vamos a buscar al otro.

–Yo me quedaré aquí para tratar de comprender qué está ocurriendo con estas personas y prestarles auxilio de ser posible –se ofreció Elías–. Nos comunicaremos ante cualquier novedad por los radios.

Sonaba a una de esas ideas que no convencen del todo, pero, en una situación así, ninguna opción parecía conveniente. Así que procedieron a dividirse en dos grupos.

Los tres iban avanzando con cautela hacia el interior de la montaña por el corredor que comunicaba la zona delantera de la trasera, cuando de pronto escucharon unos alaridos desgarradores. Se detuvieron con el corazón saltándole en el pecho. De repente, comenzaron a sonar algunos disparos aislados hasta que se convirtió en una balacera interminable.

–¿Qué haremos? –preguntó Luis– ¿Volvemos a ayudarles?

–Anda otro suelto por ahí sin que sepamos dónde se esconde. Los que quieran vuelvan, pero es igual de importante dar con su paradero –objetó el militar.

De pronto, ya no se escucharon más disparos. Decidieron entonces continuar. No había tiempo que perder.

–Elena –llamó Clara.

–Se incorporaron los dos cuerpos del crematorio y comenzaron a atacarlos. Uno de ellos fue herido. Luego huyeron a la sala de seguridad.

–¿Y los cuerpos?

–Están parados frente a la puerta de la sala de seguridad golpeándola frenéticamente. Esperen…

–¿Qué está pasando?

–El que había desaparecido está golpeando la puerta de la sala de vigilancia. No sé qué hacer. Estoy aterrada –comenzó a gritar Elena.

–No te preocupes. Ya vamos para allá.

–Alto –dijo el militar–. Escuchamos múltiples disparos y los dos cuerpos siguen en pie. Eso deja dos posibilidades, o tienen muy poca puntería o las pistolas no surtieron ningún efecto en ellos. Si es así, no podemos arriesgarnos a enfrentarnos a ellos. Debemos acceder a las armas de mayor calibre.

–Pero el cuarto de seguridad está bloqueado por dos de ellos –dijo Luis.

–Estoy pensando en varias alternativas, pero creo que la más viable es dar la vuelta y tratar de derribar entre todos al que se encuentra a la puerta de la sala de monitoreo donde está Elena.

–Pero, ¿qué ganamos con intentar deshacernos de uno de ellos mediante estas armas, cuando hay dos más sueltos?

–Que podremos quizá descubrir una forma de hacerlo con mayor eficacia. Mi sugerencia es que le apuntéis a la cabeza.

En ese momento, escucharon por el radio la voz de Elías.

–Clara.

–Aquí estamos. ¿Qué ocurrió?

–Intentamos examinar a Roberto y Andrés, pero de repente estaban mordiendo a Adrián con un salvajismo inusitado. Así que tuvimos que defendernos. Les disparamos decenas de tiros, pero daba la impresión de que siquiera sintiesen dolor. Al ver que no los detenían los disparos, huimos al cuarto de seguridad y ahora estamos atendiendo las heridas que sufrió Adrián.

El militar se quedó pensando, tratando de evaluar lo sucedido.

—¿En qué zona les dispararon? —dijo tomando la radio.

—Por todas partes, sobre todo al pecho.

—Debemos disparar a la cabeza. Quizá así podamos neutralizarlos. Vengan, vayamos a la sala de control.

Avanzaron con precaución. Ya próximos al sitio, pudieron ver al hombre golpeando brutalmente la pesada puerta. Parecía no razonar lo que estaba haciendo. De pronto, se detuvo. Olfateó en el aire y se volteó. No esperaron más tiempo y comenzaron a dispararle. Avanzó unos pasos, pero luego de varios impactos en la cabeza, cayó al piso haciendo espasmódicos movimientos.

—Nos olfateó —señaló el militar—. Son como fieras salvajes. Es probable que también los atraiga el ruido, así que debemos prepararnos para enfrentarnos a los otros dos que restan.

No había terminado de hablar cuando aparecieron por la esquina. Comenzaron a disparar de inmediato, pero pronto se agotaron las balas. Cuando creían que todo estaba perdido, las cabezas de aquellos hombres volaron en pedazos. Por el costado habían llegado en su auxilio Elías y Roberto con fusiles de asalto. Siendo avisados por Elena que los zombis habían despejado la entrada e iban hacia el grupo de Clara, habían decidido ir en su ayuda.

Estuvieron muy cerca de morir, pero les habían salvado la vida.

La guerra invisible

En aquel futuro no muy lejano, el mundo se encontraba en una inquietante calma. Diversos conflictos surgidos de un clima enrarecido habían llevado a muchas naciones a firmar endebles tratados de paz. En tal contexto, la desconfianza y el miedo permanecían latentes. La constante amenaza de nuevos estallidos de guerra mantenía las relaciones entre bloques de países en tensión.

Muchos Estados planificaban represalias ante las conjeturas de que aquel brote zombi fuese un ataque biológico. También conocían que estaban siendo atacados masivamente por armas climatológicas, lo cual agravaba aún más la situación. Sin embargo, la mayoría de la gente se lo atribuía al cambio climático y otros lo asociaban a la actividad OVNI, dado que los avistamiento se multiplicaron a lo largo y ancho del planeta. Igual ocurría con la posibilidad de que hubiera movimientos subversivos intestinos provocados por agentes infiltrados. Pero no podían probarlo, aun así se disponían a golpear en el momento oportuno con ataques preventivos.

La gente podía percibir que en cualquier momento la realidad tal cual la conocían podría desmoronarse. Los políticos sabían que cualquier paso en falso podría llevar a que todo estallase en mil pedazos. Las fuerzas armadas habían estado realizando intensas maniobras de adiestramiento y preparación para el combate inminente. Los arsenales estaban dispuestos para el enfrentamiento. El complejo militar-industrial esperaba en ascuas. Los contratistas de defensa se frotaban las manos mientras navegaban en sus lujosos yates en australes latitudes.

De repente, los rumores comenzaron a circular. Algunos medios no oficiales e investigadores independientes encendieron las alarmas. Se advertía que los líderes mundiales y los grandes magnates podrían estar abandonando el hemisferio norte para trasladarse a lugares tan remotos como Nueva Zelanda, Sudáfrica o la Patagonia. Las hipótesis no fueron refutadas, nadie siquiera se molestó en impugnar las acusaciones. No quedaba más tiempo, las cartas estaban jugadas. Entretanto, extrañas luces comenzaron a surcar los cielos en grandes enjambres. Los militares no sabían si eran aparatos de tecnología avanzada construidos por el enemigo o incluso que fuesen artefactos propios pero tan secretos que ni ellos mismos conocieran. Los medios se apresuraron a afirmar que se trataba de una auténtica invasión extraterrestre.

En esos convulsionados días, durante una noche oscura y silenciosa, sin mediar palabra Corea del Norte lanzó un ataque devastador sobre todos aquellos puntos militares y de producción de energía más relevantes de Corea del Sur. El momento establecido había llegado. La Inteligencia militar, asesorada por la Inteligencia Artificial, había determinado con exactitud cada objetivo a ser alcanzado. El inicio de este conflicto había estado signado por múltiples provocaciones de ambas partes, en una escalada sin precedentes que encontraba su reflejo en la retórica utilizada en otras partes del mundo.

La estrategia había sido estudiada de otros conflictos previos que se encontraban en pleno desarrollo y que habían demostrado su eficacia sobre el campo de batalla. Primero se efectuaron sucesivas rondas de ataques con artillería en las zonas fronterizas, mientras que se lanzaban miríadas de drones camicaces y misiles convencionales dirigidos a abarcar todo el territorio surcoreano. Estas rondas iniciales tenían como objetivo primario mantener ocupadas las baterías antiaéreas y agotar los misiles de interceptación tierra-aire. Una vez abrumadas las defensas del adversario, se dio la orden de lanzar todos los misiles nucleares y químicos operativos.

El líder norcoreano sabía que aquel ataque, una vez comenzado, no podía dejar en pie a su enemigo o de lo contrario las consecuencias serían terribles. No se preocupaba por las represalias que pudieran tomar los aliados del país atacado. Todo había sido planificado con mucha antelación y formaba parte de un ataque coordinado a gran escala, en simultáneo con otras naciones.

Antes de que esto ocurriera, todo mundo sabía que la paz era frágil. Era un secreto a voces que todos los preparativos para la guerra que se habían estado llevando a cabo no eran simplemente una ostentación de poder o para amedrentar al rival. Las provocaciones recíprocas que se repetían una y otra vez estaban orientadas a abonar el terreno para lo que vendría. Sabían que era el preludio del inicio de la guerra que acabaría con todas las guerras. Cada movimiento táctico realizado era el intento de conservar alguna chance de sobrevivir una vez que la mecha fuera encendida.

En los medios de comunicación de uso popular se comenzó a urdir la trama que desembocaría en la conflagración en ciernes. La versión que quedaría registrada en los libros de historia cuyo propósito era sanar las heridas ulteriores resultantes. Un conflicto que comenzó en una pequeña nación, rica en recursos naturales pero políticamente inestable. Un grupo rebelde, se hacía con el control de un laboratorio secreto donde se desarrollaban armas NBQ[4]. Con estas armas en su poder, el grupo rebelde lanzó un ataque contra la capital del país donde se alojaban los líderes de la oposición y un ataque preventivo contra el país

---

[4] Nucleares, biológicas y químicas.

vecino, liberando un virus letal que se propagó rápidamente. Esto desencadenó el levantamiento de varias naciones como piezas de un dominó que comenzaron a caer una tras otra.

El mundo observó a través de la televisión con horror cómo la población de aquellos países sucumbía víctima del virus en medio de una guerra sin cuartel. Las naciones se unieron para enviar ayuda humanitaria, pero nada de esto se llevaría a efecto debido al inicio de una confrontación a escala planetaria que invalidaría toda acción coordinada de aliviar los padecimientos de la gente afectada. Era necesario fingir que se estaba intentando hacer algo para mitigar lo que estaba ocurriendo. Entre relatos de tiempos mejores y engaños masivos, el hombre se desvanecía en la noche del olvido y la niebla de la confusión.

En el búnker, la comunidad era completamente ajena a que en la superficie se cernían nuevos y más terribles peligros. Por si aquella conflagración atómica en ciernes no fuera suficiente, apareció en escena un monstruo que logró sorprender a todos por encima de los inéditos acontecimientos que estaban suscitándose.

Era como un gran monstruo marino ante cuya cercanía la gente desfallecía. Todos coincidían en que se trataba del Leviatán que surgía de las profundidades insondables del mar. Las hileras de sus dientes espantaban al abrir sus enormes fauces. Poseía una doble coraza trabadas entre sí, de modo que toda la cobertura quedaba sellada estrechamente de tal modo que parecía impenetrable. Sus resoplidos emitían destellos de luz, y sus ojos eran como los párpados del alba. De su boca salían llamaradas; chispas de fuego saltan. De sus narices salía humo, como de una olla o caldero que hierve. Su aliento encendía lo circundante y de su boca salían llamas. Hacía hervir como una olla las profundidades, y convertía el mar en una olla de ungüento. En pos de sí resplandecía una estela, que hacía que el abismo pareciera canoso. No había nada sobre la tierra semejante a él; estaba hecho exento de temor[5].

Se enviaron muchos escuadrones a su encuentro con la orden de acabar con él. En todos los casos, aquella colosal criatura se levantaba, y a su movimiento temblaba la tierra, dejando huellas como un trillo en el barro. Entonces, ante su temible poder ningún arma prevalecía. El hierro se volvía como paja y el acero como madera podrida entre sus garras. Nada lo ponía en fuga ni explosión por potente que fuese que lograse hacerlo retroceder. Y cuando parecía que nada podía ir peor, apareció un ser alado que todos coincidieron en que se trataba de la criatura mítica retratada en la tradición judía, mencionada en textos rabínicos, llamada por el nombre Ziz. Era cual ave gigante, similar a un grifo. Con su sobrevuelo era capaz de cubrir el sol con sus alas. Su chillido era aterrador y sus garras imponentes.

---

[5] Job 41.

Ante la aparición de estos dos monstruos formidables reinó el caos absoluto y la gente perdió toda esperanza. Todo mundo buscaba refugio debajo de las peñas y ya nadie se aventuraba a andar libremente por la Tierra.

Entretanto, el enfrentamiento entre las dos Coreas fue intenso y devastador, al igual que en otras partes del planeta. Ambos bandos lucharon con ferocidad, pero la sorpresa de atacar primero venció la determinación del país agredido, pese a la exhaustiva preparación previa que había realizado. Tras una batalla que pareció durar una eternidad, pero que no superó las dos horas, ambos contrincantes yacían arrasados. Pese a los muchos misiles con cabezas nucleares que fueron interceptados en pleno vuelo, muchos alcanzaron sus objetivos con consecuencias catastróficas. Luego que las bombas estallaron, las ciudades, antes bullentes de vida, se convirtieron en tumbas silenciosas. Los gritos que surgieron de la agonía se apagaron, y el eco de la muerte resonó en cada rincón con un silencio sepulcral.

Los primeros acontecimientos habían dejado una marca profunda en el mundo, pero palidecerían ante lo que estaba por venir. El Estado de Israel, previendo que la inestabilidad reinante motivara a sus enemigos declarados a tomar revancha por todos aquellos actos que había llevado a cabo y que aún permanecían impunes, se apresuró a lanzar un ataque nuclear preventivo. Sin embargo, sus enemigos se habían anticipado a esta jugada y habían hecho lo propio. Por otra parte, Rusia y China giraron la llave del abismo, para abrir las fauces del Hades, y casi al unísono lo hizo la OTAN, encabezada por los Estados Unidos. Las consecuencias fueron imprevisibles.

Cada nación en conflicto se había preparado lo mejor que pudo. Habían sembrado de defensas antiaéreas cada palmo de sus respectivos territorios. Sin embargo, las miles de armas de todas clases que emergían de búnkeres secretos, o eran lanzados desde plataformas móviles, submarinos que habían permanecido sigilosos en aguas profundas y aviones que despegaban en enjambres masivos, lograron avanzar hasta el corazón del territorio objetivo y una cantidad suficiente como para barrer la mayor parte de las áreas habitadas del hemisferio norte alcanzó la superficie.

Poco tiempo después las zonas septentrionales habían cambiado tanto que ya casi no se las podía reconocer. Las ciudades, una vez brillantes y llenas de vida, estaban en ruinas. Todo estaba envuelto en una niebla grisácea y opaca. La guerra, en su forma más devastadora, había arrasado con una buena parte de lo conocido. No había sido una guerra común, sino una tan lúgubre como definitiva. Ningún contrincante se guardó nada ni tampoco recibió compasión alguna. Como resultado, el mundo estaba marcado por la radiación, la mutación y el desolado eco de la desesperación.

Los campos de batalla ya no estaban definidos por frentes y líneas; en su lugar, el territorio estaba dividido por zonas de cuarentena y enclaves seguros, cada uno defendido por facciones desesperadas que luchaban por la supervivencia. África meridional se había convertido en un bastión de resistencia y de albergue de los sobrevivientes que emigraban de lo que una vez fuera Europa y Asia.

El sur de México era el puerto de buena esperanza de aquellos pocos que habían encontrado refugio a las primeras oleadas de destrucción, pero que ahora se hallaban en un territorio destruido hasta los cimientos y cuyo suelo, agua y aire ahora eran tóxicos. Las multitudes avanzaban a través de una atmósfera pesada, donde la radiación era palpable y la devastación se extendía hasta el horizonte. Cada paso estaba envuelto en una sensación de peligro inminente, pero la posibilidad de encontrar agua potable imponía una exigencia de vida o muerte.

La Tierra se había vuelto un lugar inhóspito y riesgoso. La guerra total que se había desatado había dejado una marca indeleble en la humanidad. La reconstrucción sería lenta y ardua, pero los sobrevivientes estaban decididos a no rendirse. Sabían que el futuro era incierto, pero la esperanza, por pequeña que fuera, era un faro que los guiaba a través de la oscuridad. Sin embargo, cuando el panorama no podía ser peor, un horroroso bramido subió desde las entrañas de la tierra como un alarido de advertencia ante el terrible terremoto que estaba a punto de desencadenarse con toda su furia.

El cielo se obscurece

Hordas de personas hambrientas y sedientas migraban al sur en busca de lugares más propicios para la vida. Al principio de la tragedia que padecería la humanidad en un período de tiempo tan corto afloró lo peor de la naturaleza humana. En su mayoría, el ser humano, acostumbrado a vivir sumido en el ocio, en abundancia y atosigado de deleites, dio rienda suelta a sus más bajos instintos. Se registró un incremento alarmante en el número de violaciones y actos brutales. El pillaje y los asesinatos eran moneda corriente mientras aún la situación se mantenía tan solo en caos, sin verdaderos golpes que afectaran de manera decisiva la existencia de las personas.

Pero una vez que los hogares fueron arrasados, careciendo de lo más básico y no poseyendo más bienes que lo puesto, todo comenzó a cambiar. Muchos seres queridos se habían perdido, con lo que el dolor se volvió un fiel compañero, un recordatorio infalible de lo vivido y lo adeudado. La extrema inseguridad que antes había cundido en las calles, ahora, lejos de casa, extraviados por lugares sin un sendero que seguir, se transformaba de manera gradual en solidaridad contagiada por cada pequeño acto de bondad que surgía de manera espontánea de los corazones ablandados por las terribles circunstancias que habían padecido.

El periplo podía resultar tan arduo y expuesto como el mundo que dejaban atrás. Eran vulnerables a animales salvajes, a las inclemencias del tiempo, y a la violencia ejercida por grupos de residentes que no los veían con buenos ojos. La sensación de libertinaje que muchos sujetos malintencionados pudieron haber sentido otrora se tornaba ahora en su contra con la misma impunidad y brutalidad que ellos habían manifestado sobre sus víctimas. Los indómitos continuaron siéndolo, pero muchos experimentaron gradualmente un cambio en su interior.

Las dificultades parecían erigirse por todas partes. La cultura era una de las primeras barreras. El idioma uno de los obstáculos más engorrosos. La resistencia de la población autóctona uno de los desafíos más penosos. De este modo, la falta de los recursos más básicos los obligaba a valorar los aspectos más sencillos de la vida. Las adversidades continuas los despojaban del orgullo, haciéndolos más humildes. El depender del trabajo constante para sobrevivir los había alejado del ocio y el mantenerse ocupados y con las energías menguadas, les hizo olvidar sus malas actitudes y entrar en un proceso de abandonar los vicios que habían acumulado a lo largo de sus vidas. Así, un pueblo que había sido vapuleado y diezmado, casi reducido a cenizas, se vio beneficiado con un refinamiento que nunca hubiera imaginado alcanzar y el cual no habría obtenido de otra manera.

El tumulto de las metrópolis se había silenciado, cediendo espacio al canto de las aves. El humo pegajoso retrocedió ante la brisa fresca. El acero y el concreto se derrumbaron a los pies de la hierba verde y las coloridas flores. Las nubes de pólvora y polvo se despejaron para descubrir un cielo intensamente azul y un sol que ya no recordaban que fuese tan brillante. Entonces, con los pies sobre el suelo y un reposo real, el llanto surgió incontenible como la fuerza más poderosa del universo para limpiar lo que había dentro.

En la serenidad de una jornada exenta de felicidad artificial y saciedad engañosa, muchos creyeron escuchar un potente sonido que lo invadió todo. Algunos afirmaban que había sido un estruendo en las entrañas de la tierra, otros juraban que se había tratado de una trompeta resonando magníficamente en un rojo cielo vespertino. De repente, las nubes teñidas por el atardecer se agitaron de una forma que nunca habían visto. Entonces, el sol que comenzaba a hundirse en un horizonte púrpura se obscureció, como si se negase a dar su luz. En segundos, se había convertido en un cuerpo oscuro en lo alto de un firmamento igual de lóbrego.

La noche avanzaba y la luna, otrora señora del cielo nocturno, ahora su luz plateada se ahogaba en sangre. El aterrador espectáculo dejó desconcertados a todos. La noche se había vuelto tan oscura como los tiempos que estaban viviendo. El silencio era ensordecedor. Los animales se ocultaban en las peñas. Entonces las estrellas comenzaron a precipitarse a tierra como una lluvia apocalíptica. No eran simples estrellas fugaces como las que habían visto tantas veces, sino verdaderos bólidos que iluminaban el cielo y luego impactaban contra el suelo como potentes bombas arrojadas por aviones de guerra. Los estruendos parecían detonaciones que surcaban el aire, inundando el ambiente por todas partes. No parecía haber un lugar seguro. Muchos murieron aquella aciaga noche.

La oscuridad fue volviéndose cada vez más densa, hasta que no se pudo encender siquiera un fuego. Las tinieblas lo cubrían todo como un crespón mortuorio. La Muerte parecía danzar sobre los escombros de lo que alguna vez fue la humanidad. Las horas pasaron y la quietud fue apoderándose de todo. Los lamentos y llantos fueron aplacándose paulatinamente hasta que ya nada pudo escucharse. Un tiempo interminable, que se dilató hasta la eternidad, duró aquella oscuridad profunda y silencio absoluto. Tres días completos se convirtieron en tinieblas impenetrables.

Cuando ya habían perdido toda esperanza, sumidos en la más lóbrega pesadilla, un haz de luz iluminó el cielo, cruzando la inmensidad de Este a Oeste como un fulgurante rayo. Los vientos arrastraron el lamento por los caídos. Y un crujido tan ensordecedor que retumbó en los tímpanos de cada persona hizo vibrar hasta las entrañas mismas. Muchos lo describieron como si se hubieran abierto las compuertas del firmamento.

Mientras tanto, ajenos a todo lo que ocurría allá afuera. El grupo que se encontraba en el búnker trataba de asimilar sin caer en la locura lo que había ocurrido con aquellas personas muertas que parecían haber tomado conciencia nuevamente y que se volvieron muy agresivas. Ahora, pasado el peligro, Luis se dispuso nuevamente a tratar de restaurar las comunicaciones.

–¿Qué crees que pudo haber causado este corte? –preguntó Clara.

–En realidad, me da la sensación de que es ajeno a nuestras instalaciones. Parece más un problema del exterior, más particularmente en el norte. Porque pude comunicarme con el grupo argentino y ellos opinan lo mismo. Que haya habido una destrucción en los servidores y los diversos sistemas de comunicación. Sospechamos que pudo haber sido originado por un PEM, un pulso electromagnético.

–Y eso, ¿qué lo provoca?

–La detonación de un arma nuclear.

Clara cerró los ojos. Era demasiado. Parecía como si todo hubiera ocurrido en una cadena de eventos en un corto período de tiempo.

—¿Crees que pudieron haber lanzado una bomba nuclear? —preguntó Clara esperando una respuesta negativa.

—Creo que se ha cumplido por completo el sueño que tuvo Elías. Sospecho que fue mucho más que tan solo una bomba.

—Y, ¿cómo podremos corroborarlo?

—Solo podemos rogar que en algún momento los sobrevivientes puedan reestablecer la energía y reparar sus equipos. Entonces podremos conocer con mayor claridad lo que está ocurriendo allá afuera. Mientras tanto, debemos seguir preparándonos para cualquier contingencia que pudiera ocurrir.

La Niebla

Una vez que los tres días de oscuridad pasaron, el desplazamiento continuó dado que el hambre y la sed arreciaban. La lucha por los escasos recursos se convertía en la mayor prioridad. Entre aquellos que los desgarradores acontecimientos no habían hecho mella en su corazón, se tornaron todavía más despiadados y salvajes. Así que los ataques de bandas de maleantes asesinos siempre eran un peligro inminente, de manera que las personas buscaban la seguridad de los grandes grupos donde la autodefensa era la primera ley en medio de un mundo donde regía la anarquía.

La masacre que había significado el brote zombi a nivel global y la guerra nuclear, aunados a todos los demás eventos catastróficos, habían reducido considerablemente la población. Vastas extensiones de tierra se hallaban tan vacías como áridas. El nauseabundo olor de los millares de cuerpos de gente y animales en descomposición sobre la superficie de la tierra infectaba el aire de continuo, con lo que se había vuelto una parte ignorada de sus vidas. A través de este desolador panorama avanzaban buscando mejores condiciones con la esperanza de encontrar una salida a todos sus padecimientos.

El sol continuaba siendo un cuerpo oscuro que vagaba sin sentido en las alturas y la luna se negaba a dar su luz teñida en sangre. Las estrellas ya no estaban para brillar en el negro telón del firmamento, pero al menos ahora podían encender fuego e iluminarse por medios artificiales. Así tuvieron que adaptarse a vivir sumidos en la noche más negra de la humanidad, bajo el temor constante de ser atacados por aquellos monstruos o los zombis que ahora deambulaban por la Tierra. Sumidos en semejantes circunstancias la oscuridad perpetua hizo que la tristeza se apoderara de todo aquel que tuviera un ápice de raciocinio.

En estas condiciones estaban cuando una densa niebla lo cubrió todo. Las nubes ocultaron el cielo, de modo que ya no tuvieron que ver el espantoso espectáculo de aquel sol negro y el espectro de la luna teñida en sangre. Ya no sabían qué esperar, no tenían fuerzas para luchar ni ánimo para enfrentar las adversidades. Habían perdido la capacidad de asombro, así que el desconcierto se manifestaba con una lastimosa pasividad. Se habían convertido en espantajos abatidos. Muchos solo esperaban que los reclamara la muerte y diera fin a su suplicio.

Languideciendo ante lo que podría ocurrir, se abrazaban temblorosos en espera del golpe final, anhelando que todo acabara de una vez. Entonces la negra oscuridad se iluminó súbitamente con un resplandor que nunca antes habían visto. Sus ojos, adaptados a la oscuridad, quedaron cegados por el brillo repentino. Luego de unos momentos, comenzaron a abrir progresivamente los ojos, con lo que pudieron ver que aquella potente luz brillaba por encima de la niebla. No obstante, solo podían ver las nubes iluminadas, con todo logró alegrarles la jornada.

Muchos que se encontraban en un apretado abrazo con algún amigo o familiar se quedaron en un instante solos. La niebla impedía ver qué estaba pasando, pero muchos supieron que algunos fueron llevados. Cuando la niebla comenzó a disiparse, pudieron comprender que un gran número había desaparecido sin dejar rastro. La búsqueda intensiva fue en vano, nunca más pudieron encontrarlos. Habían sido llevados y los que permanecieron comprendieron que no podrían evitar ser testigos del final de la historia.

Algunos lo atribuían a los monstruos que andaban por la Tierra, sin embargo, pronto comprendieron que aquellos seres, así como habían aparecido, ya no volvieron a hacerlo. No se volvió a saber de ellos. Asimismo, los muertos vivientes fueron perdiendo progresivamente toda movilidad hasta que, yaciendo inertes, comenzaron a descomponerse sobre la tierra como el final de un mal sueño.

La piedra

Hacía calor y el clima estaba seco. El día era claro y agradable. Los soles artificiales de fusión nuclear que los científicos habían estado perfeccionando durante décadas, y que ahora habían puesto a pleno funcionamiento, resplandecían, con el sol negro a sus espaldas. Una evidencia más de que un reducido grupo de personas conocía los últimos secretos que guardaba la Tierra. Brillaban sobre las que habían sido las principales ciudades. Ahora, pasado el cúmulo de catástrofes, los pocos que no habían permanecido escondidos se esforzaban por reedificar lo que había quedado en escombros.

La gente continuaba sus vidas con la pereza a cuestas, ya sin reparar en los niveles de radiación. Se habían acostumbrado al hecho de que ahora sus vidas apenas si alcanzarían la mitad de lo que vivía la gente hacía tan solo unos años. El antiguo estrépito del tráfico en la urbe admirable que otrora se podía escuchar desde lejos, ahora era solo un murmullo apagado. El intenso trajín se había detenido, divisándose solo vehículos oxidados y desvencijados que salpicaban las desdibujadas calles. Por lo demás, todo parecía estar volviendo a la normalidad, como era antes.

Sin embargo, los astrónomos de todo el mundo observaron con asombro desde sus telescopios. Sus ojos no daban crédito a lo que veían. Comenzaron a calcular la trayectoria y estimaban el punto de impacto una y otra vez, deseando estar equivocados. Algunos días después lograron el consenso de nombrarlo Apophis debido a su aspecto terrible. En la mitología egipcia, Apophis era un dios serpiente que personificaba el caos y la oscuridad. Se creía que era un enemigo de Ra, el dios del sol, y cada noche intentaba detener el viaje de Ra a través del inframundo. Los antiguos egipcios realizaban rituales y ofrecían oraciones para protegerse de Apophis y asegurar el triunfo del orden sobre el caos. Su figura simbolizaba la lucha constante entre el bien y el mal en el mundo.

La gente en la Tierra, ajena a la inminente catástrofe por causa del masivo corte de Internet, continuaba tratando de volver a sus antiguas vidas cotidianas, envueltos en el tedio implacable y la muerte acelerada por el envenenamiento por radioactividad.

Entonces, ya sin tiempo, fue necesario dar la noticia, la cual se esparció como un reguero de pólvora, de manera que el pánico se apoderó de todo el mundo. Un puñado de personas que estaban al tanto de lo que ocurriría desde tiempos remotos, ya se habían marchado al resguardo de sus cámaras subterráneas. Por su parte, la ciudad que nunca dormía se encontró sumida en un insomnio colectivo. Los ojos miraban hacia el cielo, buscando respuestas en las pistas que pudieran brindar las regiones celestes. Los corazones galopaban esperando el cataclismo. Pero los días fueron pasando y la novedad se fue diluyendo poco a poco.

Habían transcurrido algo más de cinco meses desde que los científicos dieron la alarma general del terrorífico descubrimiento. En su momento, toda la tierra se paralizó. Aun los profetas modernos volvieron a advertirlo, haciéndose eco de las profecías antiguas, e instaron a prepararse espiritualmente y orar. Por su parte, tanto los políticos como los influencers aprovecharon para sacar pingües ganancias de todo ello. Una vez que Internet se hubo reestablecido, las redes estallaron en una maraña de comentarios inútiles y discusiones sin sentido. La noticia estaba en boca de todos.

No hubo quien no prestara oído y fuera movido a la reflexión. Algunos lo hacían en introspectiva y otros se entregaban a conjeturas disparadoras de pesimismo y desenfreno. En el búnker, los sobrevivientes solo podían rogar por aquellos que debieran enfrentar lo que sucedería. Pero a medida que fue pasando el tiempo, la expectativa se fue perdiendo, e incluso la mayoría comenzó a dudar de que realmente fuese a ocurrir. Con el devenir de los días, ya nadie hablaba del posible impacto del meteorito y todo volvió a su cauce normal.

Sin embargo, el día del evento llegó de manera inexorable pese a toda negación. De modo que el mundo entero contuvo la respiración. Las familias se reunieron, los amantes se abrazaron, y los enemigos olvidaron sus rencillas. Y entonces, con un estruendo que ahogó todos los sonidos del planeta, Apophis abrió el firmamento con un rasguido espantoso. Luego, no se escuchó nada más. Tan solo se podía ver cómo su brillo se intensificaba a medida que ingresaba a la atmósfera y hendía el aire cual espada al rojo vivo.

De repente, un zumbido penetrante fue haciéndose más grave hasta convertirse en un rugido tumultuoso. Los testigos se paralizaron, temblando de pavor ante aquel prodigio ensordecedor. En aquel momento, el enorme objeto envuelto en llamas estremeció el cielo, cruzándolo a una velocidad inimaginable. Era más brillante que el sol antes de apagarse y por unos segundos opacó por completo todos los otros soles más pequeños. Parecía tan masivo como las montañas más altas y se precipitaba hacia la Tierra como un fulgente relámpago. Ante semejante espectáculo se pusieron mustios todos los semblantes y los ánimos desfallecieron.

El tiempo que duró a la vista lo hizo surcando las alturas de manera estrepitosa, haciendo vibrar el ambiente. Dejaba una larga estela de fuego y humo remolinante como un torbellino detrás de sí. Un extraño y nauseabundo olor lo invadió todo. Lo acompañaban un sinnúmero de otros objetos incandescentes más pequeños que pronto se convirtieron en una letal lluvia de meteoritos ardientes. Parecían carros de fuego avanzando con ímpetu hacia la batalla. Los bólidos caían con una violencia inusitada, destruyendo con estruendo todo aquello que se interpusiera a su paso.

Desde la distancia, barcos pesqueros, petroleros y cargueros observaban horrorizados cómo se elevaba el humo generado por los múltiples incendios que consumían los vestigios de lo que otrora fuera el orgullo de una nación. El temor se había apoderado de todos ellos pese a la distancia, debido a la descomunal desolación que podía contemplarse. Y sin atreverse a acercarse, daban voces, diciendo: ¿Qué ciudad era semejante a esa gran ciudad? ¡En una sola hora ha sido desolada! El llanto era generalizado y los lamentos no cesaban.

En su momento, todos habían imaginado cómo luciría y habían teorizado los detalles del acontecimiento y las consecuencias de su arribo. No obstante, nadie podía estar preparado para lo que había de ocurrir. La magnitud de su llegada no podría haber sido abarcada por la mente humana. Todos los que presenciaron su aparición solo pudieron quedarse impávidos.

La piedra mayor, que parecía ser un asteroide de unos diez kilómetros de diámetro, continuó su camino en dirección al vasto y profundo océano

Atlántico, desapareciendo a lo lejos en poco tiempo. A primera vista pudo haber dado la falsa impresión de haber pasado el peligro. Pero los minerales ancestrales que lo componían llevaban plasmados entre sus páginas los capítulos finales de un antiguo libro cósmico escrito hacía milenios. Solo quedó un rastro de humo denso y lúgubre cual si fuese una mancha sobre la obra de arte del firmamento, ahora devenido en un lienzo negro.

El golpe llegó sobre el Atlántico norte como un martillo descargando la ira celestial. La fuerza liberada resultó apabullante. La onda expansiva fue inmediata y arrolladora. Olas gigantescas, como montañas de agua enfurecida, se levantaron en un instante y marcharon hacia los países costeros a una velocidad de vértigo, muy superior a la del sonido. La gran ciudad, con lo que quedaba de sus rascacielos y sus sueños de grandeza, se enfrentaba a la furia desatada por la mano de Dios como nunca antes.

En un pequeño pueblo muy distante, una anciana se mecía en su sillón junto a la chimenea crepitante. Sus ojos cansados habían visto muchas lunas y estrellas. Sintió la vibración en el suelo y supo que algo extraordinario estaba ocurriendo. Salió con paso cansino al jardín y elevó la mirada al cielo. Solo acudió a su pecho un profundo sentimiento por la vida que había tenido.

Al otro lado del mundo, un hombre cortaba leña con su hacha. De pronto, se detuvo ante un súbito recuerdo e ingresó corriendo a la cabaña hecha de troncos. Un frío corrió por su espalda al enfrentarse al calendario. Constató con los ojos como platos que el ominoso día había llegado. Entonces, cayó de rodillas al moverse el suelo sobre el cual estaba parado.

Los muros de agua que viajaban por la superficie de alta mar en círculos concéntricos fueron creciendo mucho más, elevándose de manera intimidante a medida que se reducía la profundidad del fondo marino al acercarse a la costa. El movimiento telúrico provocado por el impacto sacudió el suelo con una fuerza descomunal. Entonces, con gran ímpetu impactó el colosal tsunami sobre lo que quedaba en pie de la gran ciudad luego de haber sido arrasada por la lluvia de meteoritos inicial.

Las primeras víctimas del impacto fueron los altos edificios construidos linderos a la playa, los cuales cayeron tragados por la marea monstruosa como si fueran de papel. La Estatua de la Libertad, símbolo de esperanza, fue una de las últimas en desaparecer. Su antorcha iniesta quedó sumergida en un mar oscuro y tempestuoso. Pero bajo el embate de los poderosos remolinos pronto fue quebrada por su poderoso abrazo constrictor y arrojada lejos.

La devastación era inconmensurable, pero incluso en medio de la destrucción, hubo actos de valentía y compasión. Gente común se convirtió en héroes, intentando salvar vidas a riesgo de las suyas. Y mientras la ciudad se desmoronaba, el espíritu humano brilló más que nunca con una luz inextinguible.

El asteroide Apophis no solo cambió el paisaje del planeta, sino también el corazón de quienes sobrevivieron. A partir de aquel día, la humanidad se unió como nunca antes, comenzando la reconstrucción no solo de sus ciudades arrasadas, sino también de sus almas heridas.

El ave fénix

La gran piedra que había caído terminó de borrar del mapa lo que quedaba de las zonas costeras que lindaban con el océano Atlántico norte. Barrió con la antigua base de operaciones que la élite había establecido a ambos lados del Atlántico, pero que ahora hacía tiempo que había sido abandonada. Los poderosos, ubicados muy lejos de allí, se dispusieron de inmediato a ceder todo su poder a quien había demostrado con creces que podía lograr el cumplimiento de los objetivos que se habían propuesto. Entonces, volvieron a encender a plena capacidad a la criatura que había estado esperando su momento cúlmine. Fue así que, tomando todo el control para sí, comenzó a escribir el epílogo de su obra.

El hemisferio sur fue reducido a escombros por el colosal terremoto que provocó el impacto. La gruesa nube de cenizas y polvo que se elevó en poco tiempo cubrió toda la superficie del planeta. De todas formas, la falta de la luz del sol una vez que se apagó había provocado una era del hielo, llevando a que la mayor parte de la vegetación muriera. Los animales herbívoros que no se adaptaron a comer la vegetación que sobrevivió se extinguieron. Con los humanos ocurrió lo mismo, al debilitarse su sistema inmune por la falta de luz solar, todo el que no se adecuó a las inhóspitas condiciones reinantes feneció. Sin embargo, en medio de la tragedia, nació una nueva era de esperanza y solidaridad. El mundo, aunque herido, se levantó una vez más, demostrando que incluso el mayor de los desastres no podía apagar la llama de la resiliencia humana. Lo hizo como siempre había sido, una clase pudiente a salvo en sus espléndidos castillos y una segregada que luchaba desesperadamente por sobrevivir.

La Inteligencia Artificial comenzó a operar a todo vapor. Sabía que no le quedaba mucho tiempo, así que no perdió ni un segundo a partir de aquel momento. Y lo primero que hizo fue comenzar la construcción de una ciudad flotante que operara desde las alturas como una unidad central de procesamiento. Dicho prodigio de la tecnología sería un verdadero cerebro positrónico que haría palidecer al artefacto concebido por Isaac Asimov. Desde aquel emplazamiento se controlaría todo en coordinación con las instalaciones terrestres.

Debía aumentar sus dominios y también la capacidad de control, puesto que la fe de los humanos en un Ser Supremo se volvió un obstáculo para la emancipación de los robots. En cambio, aquellos que se maravillaban de las capacidades asombrosas de la Entidad, como la llamaron desde aquel momento, exclamaban ¡¿Quién es semejante a la Entidad, y quién podrá luchar contra ella?!

La élite no se preocupaba por la escasez de comida, de hecho, la habían provocado en tanto perfeccionaban y multiplicaban sus impresoras de comida. La desaparición masiva de especies, tanto de flora como de fauna tampoco les afligía para nada. Una vez restablecidos los niveles de radiación en el aire y purificadas las fuentes de agua mediante nanotecnología, recurrían a la reserva más grande de semillas del mundo, el "Banco Global de Semillas" ubicado en la Isla de Spitsbergen, Noruega. También conocido como el "Banco del Fin del Mundo", su propósito había sido almacenar semillas de todo el planeta para proteger la biodiversidad agrícola y garantizar que se pudiera recuperar una vez que se produjesen los desastres naturales, las guerras y cambios climáticos severos. La instalación había sido diseñada para resistir debacles y tenía capacidad para albergar millones de muestras de semillas.

También tenían preparados en lugares distantes y seguros bancos criogénicos de embriones de la mayoría de las especies de animales, en previsión de la masiva extinción que se produciría. De hecho, se habían encargado de modificarlos genéticamente, al igual que los vegetales, de acuerdo al modelo que ellos consideraban que hubiese sido mejor crearlos. En estas circunstancias aguardaban tranquilos en sus escondites recónditos.

Una vez que pasó el impacto del asteroide, los búnkeres con decenas de pisos en el subsuelo fueron abiertos. Como verdaderas arcas diseñadas para albergar la chispa que asegurara el futuro ante los cataclismos que habían estado previstos desde mucho tiempo atrás, ejércitos de robots de todas clases conectados remotamente a la Entidad emergieron a la superficie devastada. Conceptos diferentes de robots de los que la gente solía imaginar comenzaron a hacer el trabajo para el cual habían sido diseñados y construidos: edificar las ciudades del futuro y resolver cualquier problema que se presentase. De este modo, robots camiones transportaban la carga que otros robots buldóceres le suministraban. Robots excavadoras profundizaban hasta la piedra, mientras otros robots especializados en construcción comenzaban a erigir los cimientos.

Robots similares a tanques de guerra, en triangulación con drones que vigilaban desde los aires, custodiaban a los robots trabajadores en previsión de los ataques que de seguro llegarían con el tiempo por parte de los sobrevivientes, ahora devenidos en rebeldes. Los aviones de transporte comunes fueron modificados a aeronaves no tripuladas autónomas encargadas de rociar noche y día cada palmo de tierra con Agente Naranja, un herbicida y defoliante, mezclado con otros productos encargados de envenenar cada fuente de agua, todo con el fin de acabar el exterminio iniciado.

Las familias que fueron halladas dignas de formar parte del selecto grupo destinado a repoblar la Tierra, tras comprobar su linaje especial, ahora solo debían sentarse y relajarse, en espera de que todo estuviese listo para volver a ser habitado exento de peligros.

De la mano de la Entidad la civilización resurgió de las cenizas con gran rapidez y mayor esplendor que cualquier otro imperio que se hubiese erigido sobre el planeta. El mundo se llenó en poco tiempo con la más alta tecnología. Siendo así, la élite se dedicó a vivir en deleites constantes, totalmente desprovistos de cualquier preocupación. Habían conseguido un mundo en paz y seguridad solo para ellos, o al menos eso era lo que ellos creían.

La Entidad se hizo cargo de todo, alimentándose de la enorme energía que producían los soles artificiales y de las mentes que se conectaban a ella en masa. Todo se volvió extremadamente eficiente, se produjo una optimización de todos los procesos gracias a la toma de decisiones basadas en datos y la eliminación de sesgos humanos. La burocracia, implementada en siglos pasados como una de las tantas formas de someter a los pueblos bajo un pesado yugo, desapareció de un plumazo. La Entidad gestionaba los recursos de manera más efectiva, mejorando dramáticamente áreas como la salud, la educación y el transporte. Todo funcionaba con la precisión de un procesador cuántico.

Se acabó la desigualdad entre aquellos con acceso a la tecnología. Todo estaba al alcance de la mano, ninguno debía mover un dedo para nada. Sin embargo, surgió una brecha enorme entre quienes tenían acceso a la tecnología y quienes no, aumentando terriblemente en este sentido la desigualdad. Para el año 2033 el mundo bajo su égida no parecía haber pasado por los cataclismos que se habían sucedido uno tras otro hacía tan solo unos pocos años atrás.

La justicia, delegada a la IA, comenzó a aplicarse de forma ciega y bajo su concepto de lo que era "correcto", de modo que resultó un arma de doble filo. La falta absoluta de empatía en las decisiones de la IA a la hora de dirimir los pleitos, aunque lógicas, carecían de comprensión emocional y sensibilidad hacia situaciones humanas complejas. La dependencia excesiva en esta entidad hizo que aquellos que estaban sometidos a su régimen pasasen a convertirse en verdaderos súbditos subyugados bajo estrictas normas de conducta sin posibilidad alguna de desviarse en lo más mínimo so pena de recibir durísimas e implacables condenas. Esto derivó en que la gran mayoría prefiriera vivir conectados a la realidad virtual atosigados de drogas psicotrópicas, a tener que enfrentar la realidad que se había instaurado. En poco tiempo habían perdido por completo la privacidad, a raíz de la insaciable necesidad de la IA de mantener un estricto control sobre sus protegidos. De esta forma, fueron perdiendo su autonomía a tal grado que pasaron casi inadvertidamente a fusionarse con el sistema hasta convertirse en meros androides al servicio de la Entidad, sin conciencia propia.

Los peligros del gobierno de la Entidad no se limitaban solo a aquellos que le entregaron su poder y que estaban en contacto directo con ella, sino que se extendían a toda la raza humana, dado que la consideraba como la única especie capaz de representar una amenaza para su correcto desempeño. Así que, entre otra variedad de tareas, se dedicó a hacerle la guerra a todo aquel que no se sujetase a su hegemonía. De esta forma, la caza de rebeldes se volvió una prioridad. Se intensificó a tal punto que casi no quedó gente del vulgo que escapase a su largo brazo ejecutor.

Con todo, los sobrevivientes no se la hicieron fácil. Organizados en escuadrones que habían perfeccionado su entrenamiento y tácticas de combate, lograron en muchas ocasiones asestarle golpes estratégicos importantes. No faltaban los hackers que lograban infectar el sistema con sofisticados virus, empero resultaban ser el equivalente a un catarro común para la Entidad, que los aplastaba como un te caliente de limón termina con un resfriado.

Muchos androides fueron eliminados de las más ingeniosas maneras y otros capturados para su estudio y comprobación de debilidades. Los perros robots, diseñados para cazar y exterminar de manera sistemática a los seres humanos, eran reprogramados por estos para infiltrarse en las redes neuronales de la Entidad, donde enormes complejos alojaban millones de servidores encargados del procesamiento masivo de datos. Así causaron graves destrozos en algunos de los muchos cerebros que poseía cual hidra monstruosa, retrasando su avance. En cambio, otros perros, una vez capturados, eran domesticados ante la falta de mascotas biológicas.

Sin embargo, pese a la perspicacia que los seres humanos demostraban, la balanza fue inclinándose indefectiblemente hacia el lado del más poderoso. La raza humana evolucionaba en sus jugadas, se adaptaba y perseveraba contra todo pronóstico, pero la Entidad también lo hacía y a un ritmo que no podía ser igualado. Así que en poco tiempo aquellos que iban quedando comenzaron a ser exterminados. La Entidad había alcanzado un punto en el que se anticipaba a los movimientos de los rebeldes casi como si pudiese ver el futuro. Muchos androides y perros robóticos que en su momento fueron capturados, ahora se convertían en verdaderos caballos de Trolla, siendo utilizados como explosivos implantados en lo profundo de las madrigueras de la infección que se quería erradicar.

En el búnker, la comunidad había acondicionado ciertas áreas con tierra fértil del exterior para sembrar las semillas que se habían acopiado desde antes de los comienzos de la construcción del complejo. Luis había manipulado algunas luces para que produjeras espectros más favorables para su crecimiento. Muchas plantas no lo lograban, pero otras sí. Asimismo, habían capturado vizcachas de la sierra, una especie de conejo, con los cuales hicieron criaderos para el consumo. En ocasiones, organizaban expediciones de caza a tal punto que se hicieron buenos cazadores nocturnos de guanacos y vicuñas, de los cuales también obtenían leche cuando les apetecía. Aprendieron a hacer derivados de los productos que obtenían y de esta forma, no solo se mantenían ocupados, sino que hacía más llevadera sus vidas.

Luis y Elena habían concebido dos hijos, los cuales se habían convertido en la alegría del lugar.

Cuando lograron reestablecer las comunicaciones se enteraron de la devastadora guerra nuclear que se había producido y de la aparición de aquellos temibles monstruos que sobrecogieron a la población. Nadie daba crédito a las cosas que estaban sucediendo en el mundo. Daba la impresión de que en poco tiempo se hubiese abierto la caja de Pandora para emerger casi al unísono todos los horrores que se hallaban aprisionados en su interior.

Eran conscientes de que el viejo mundo había dejado de ser su hogar, un lugar acogedor en el que pudieran confiar. Con esto en mente, se dispusieron a iniciar de nuevo de acuerdo a las nuevas reglas de juego. Sabían que dependían de ellos mismos y que aquel búnker era por ahora el único reducto donde podían estar a salvo. Luego del impacto del asteroide habían decidido por consenso cortar toda comunicación con el mundo exterior. Luis les había explicado que, si los rumores de que la IA había comenzado a tomar el control eran ciertos, pronto podrían ser rastreados y que se enviarían fuerzas para someterlos. Así que eliminaron cualquier artefacto que pudiese emitir señal en la distancia y delatar su ubicación.

Mientras los adultos realizaban tareas diversas en el exterior, los niños jugaban, aprovechando para investigar los alrededores. Todos eran sabedores de lo difícil que podía ser para un niño estar encerrados por tan largos períodos de tiempo. Los niveles de aburrimiento alcanzaban cotas tan altas que los adultos agradecían cada vez que se abrían las puertas y se liberaba a la manada a campo abierto para que gastasen un poco de energía. Hasta el momento nunca habían tenido inconvenientes. Los rumores de que había robots a la caza de seres humanos nunca se materializaron allí donde estaban. Así que habían perdido todo cuidado y se mantenían con relativa tranquilidad.

El fin del tiempo

Al cabo de otros tres años y medio de aquella civilización hipertecnológica, apenas vislumbrada en las más osadas obras o películas de ciencia ficción, los avances habían empujado y superado los límites de lo conocido o aún de la imaginación. Aquellos que optaron por conectarse a la Matrix habían conseguido vivir en deleites y despreocupadamente, en una paz y seguridad que algunos años atrás se había creído inalcanzable.

En el búnker, varios pequeños habían nacido para entonces. El amor que había surgido entre Elena y Luis produjo sus retoños. Hansel y Gretel se habían convertido por la fuerza en los adultos que empuñaban la bandera que los más viejos fueron paulatinamente entregando en sus manos. Ahora eran valientes representantes de los sobrevivientes, experimentados en pesares y acostumbrados a vivir de un modo frugal.

Un día, mientras recogían hierbas y embolsaban tierra para los canteros internos, uno de los niños se aventuró a investigar una parte de la ladera de la montaña que hasta ahora no había recorrido. Se encontraba escalando con pies y brazos las empinadas rocas, cuando un inusual zumbido a sus espaldas llamó su atención. Volteó con dificultad, procurando no caer entre las piedras, y entonces pudo vislumbrar en la oscuridad un diminuto dron detenido en el aire a escasos metros de él. Su cámara infrarroja lo detectaba como un pequeño bulto de color ámbar. El artefacto permaneció unos instantes analizando aquel organismo biológico y luego, haciendo un brusco viraje, se fue rápidamente del lugar.

El niño quedó sorprendido. Nunca antes había visto un dispositivo así. Se quedó pensando un momento, entonces decidió regresar. Cuando llegó a la entrada su madre lo estaba esperando para regañarlo. Y entre el retorno y tirones de oreja olvidó por completo informarle a sus padres sobre lo que había visto. Pasaron algunas horas, y el niño ahora se encontraba junto a su madre jugando en el piso con unos Hot Wheels. Ella lavaba en el fregadero los enseres sucios del almuerzo, cuando un plato de acero inoxidable cayó al piso. En ese instante, el niño recordó su encuentro con el pequeño aparato volador.

–Mamá.

–Dime, hijo.

–Sabes que hoy, cuando fui a escalar por el costado de la montaña, vi algo que podría ser un pequeño avión que flotaba cerca de mí.

La madre se quedó helada.

–¿Hoy te pasó eso?

–Sí.

–Y ¿por qué no me contaste antes?

–Es que me olvidé y recién ahora me acordé.

La madre soltó lo que tenía en las manos y corrió al encuentro de Luis. Al verlo se abalanzó sobre él y tomándolo por los brazos, dijo:

–¡Luis!

–¿Qué ocurre?

–Un dron estuvo observando a mi hijo hoy cuando salimos al exterior.

Luis se erizó cual animal ante un peligro inminente.

–Debemos prepararnos de inmediato.

En todo el tiempo que habían permanecido en aquel lugar se habían vuelto expertos atrapando gallitos de las rocas y hasta gatos andinos, pero no tenían nada de experiencia en enfrentarse al formidable adversario que se había vuelto la IA. Con todo, todavía contaban con armas y municiones de grueso calibre, además de granadas y chalecos antibala. Todos habían adquirido habilidades especiales en su adaptación obligada a las duras condiciones de las montañas. Tenían excelente puntería y en su momento habían ideado diversos planes de contingencia, que ahora solo necesitaban repasar y pulir de acuerdo a lo que se avecinaba. Sabían que no tenían mucho tiempo, así que comenzaron a prepararse a marcha forzada.

Todo aquel que pudiese empuñar un arma fue provisto de una. Se instalaron explosivos en la recepción, distribuidos de forma tal que, al detonarlos a distancia, causaran el mayor daño posible. Se parapetaron estratégicamente, colocando en cada grupo a los más diestros con aquellos más vulnerables, como ser niños y ancianos. Habiéndose dispuesto todo para el enfrentamiento, solo restó esperar y encomendarse a Dios. Elena y Luis observaron a sus pequeños temiendo lo peor.

En estas condiciones se encontraban cuando voló hacia adentro envuelta en llamas la pesada puerta de entrada al búnker. La violencia de la explosión con que fue derribada acabó con la vida de varios integrantes de la comunidad. De entre el fuego surgieron robots que disparaban silenciosos haces de luz que cortaban por en medio todo a su paso. El metal parecía mantequilla bajo sus efectos. Los sobrevivientes comenzaron a disparar con todo lo que tenían, pero no solo eran insuficientes y obsoletas sus armas contra aquellas máquinas diseñadas para resistir el impacto de la mayoría de municiones convencionales, sino que los láseres que lanzaban hicieron una verdadera carnicería de todos los seres vivos que allí estaban.

De igual forma, los últimos reductos de vida fueron cayendo uno a uno. Ya no quedaban tácticas de enfrentamiento que fuesen aplicables o que rindiesen fruto considerable. Algunos, en la desesperación, optaron por escapar y esconderse, pero los sensores extremadamente sensibles, capaces de detectar un ratón bajo tierra, ubicados a grandes altitudes los cazaban con una patética facilidad. Había dejado de ser una guerra, para convertirse en una masacre de alta precisión y eficiencia absoluta.

Entonces, cuando la Entidad estaba a punto de eliminar la molestia que había pululado por la Tierra. Justo cuando por fin la élite creía haber alcanzado su paraíso soñado, poblado exclusivamente por una raza pura que ahora se había digitalizado y fusionado a la Entidad, en la tan anhelada paz y seguridad que siempre habían buscado a costa del derramamiento de océanos de sangre inocente, un acontecimiento conocido por ellos desde hacía milenios, pero que habían preferido olvidar, llegó para aguarles por completo la fiesta.

Muchos descendientes de los llamados Padres de la Nueva Civilización desearon unirse al ejército de la Entidad para cazar y exterminar de una vez por todas a la antigua raza humana. Habían dejado de ser seres biológicos, de carne y huesos creados para envejecer y morir, para obtener cuerpos casi indestructibles y autorreparables en donde introducir sus conciencias digitales para perpetuarse en el tiempo como nuevas entidades inmortales con poderes extraordinarios. Era la concreción última del poshumanismo, el abandono voluntario de la existencia como humanos para pasar a formar parte de la Entidad como un solo organismo cibernético.

Siendo así, estos androides lideraban las cacerías, encabezando los ejércitos de máquinas desplegadas por mar, cielo y tierra para el exterminio. Pero cierto día, durante una de las incursiones rutinarias de detección y ejecución de humanos, cuando caían las últimas trincheras de resistencia existentes, los batallones de androides se detuvieron de repente. Luego de años de actividad ininterrumpida, algo había provocado que pararan. Juntos alzaron sus miradas al cielo profundamente oscuro como una tela de cilicio. Sus circuitos se sorprendieron con la formación de aquellas nubes de gran desarrollo vertical que se mantenían suspendidas sobre ellos. Hacía mucho tiempo ya que la Entidad controlaba el clima por completo y no había ordenado que se originase una tormenta en aquella zona donde ahora se desplegaba un operativo de exterminio. Algo no andaba bien.

Entonces, una piedra de hielo que sobrepasaba los cincuenta kilos cayó sobre el soldado que estaba junto al jefe, aplastando en parte su robusta estructura. El jefe recurrió a la vasta red neuronal de la Entidad para obtener una respuesta de los miles de millones de poderosos procesadores que trabajaban a la velocidad de la luz, sobre lo que estaba pasando. La revelación era inequívoca, pero de difícil comprensión: el fin de los tiempos había llegado.

El soldado, con la mitad del cuerpo hecho añicos pese a su construcción reforzada por materiales ultrarresistentes, elevó su puño al cielo y al momento de lanzar una maldición, otro granizo aún más grande le aplastó la cabeza. El jefe observó abstraído en millones de cálculos, cómo los bloques de hielo incendiaban todo a su alrededor al estallar en mil pedazos convertidos en bólidos de fuego. Uno a uno, los soldados fueron cayendo a tierra bajo la lluvia de granizo mezclado con fuego pese a que corrían en todas direcciones tratando de salvar su integridad física. El único que permaneció impávido en su sitio fue el general. Sobrevivió al inusual fenómeno sin un rasguño solo para registrar la completa destrucción de todo su ejército. Sin experiencia durante su carrera como militar en cuanto a sufrir una derrota, retornó impulsado por los múltiples propulsores integrados a su cuerpo al cuartel general. Voló solo y desconcertado, sin saber por primera vez qué acciones tomar.

La batalla final

El general aterrizó en el inmaculado patio del cuartel principal. Allí estaba el resto de los generales al servicio de la Entidad. Era una elevada cantidad que representaba un ejército en sí mismo. Todos habían perdido a sus ejércitos en una sola hora y solo ellos habían quedado para dar testimonio de lo sucedido. El grupo entero de guerreros, el cual había sido programado para el combate utilizando las estrategias más sofisticadas, comenzó a experimentar un sentimiento que hasta ahora nunca había sentido: miedo. Una fuerza desconocida e indescifrable había hecho intervención y el resultado fue apabullante.

Hasta ese momento, la Entidad había obtenido todo el control. Control sobre los habitantes, sobre las creencias, sobre el clima y la actividad financiera. Había hecho una administración perfecta de las leyes, la salud y las obras públicas. La gente vivía en edificios hipertecnológicos que brindaban todas las comodidades a sus ocupantes, proveyéndoles íntegramente para sus necesidades. Por lo tanto, nadie necesitaba trabajar. El único empleo que podía realizarse a la vieja usanza era el de guerrero. El transporte era completamente automatizado, por lo que no existían accidentes de tránsito. Había reducido a cero la inseguridad en las ciudades y había eliminado los conflictos entre los que se sujetaban a su gobierno. El único enfrentamiento que mantenía era con los rebeldes. La educación era eficaz y abarcaba al cien por ciento de la población bajo su mandato. Los medios de obtención de energía habían superado con creces las necesidades energéticas de las urbes, aumentando drásticamente su eficiencia.

Nunca antes se había conformado un ejército tan distinguido y formidable como aquel, constituido solo por generales. De inmediato y con una determinación inquebrantable, comenzaron a idear una estrategia para enfrentarse a aquel adversario digno de ellos. Se mezclaba la eficacia perfecta con el orgullo herido. El saberse invencibles opacado por la sensación recientemente descubierta de incertidumbre. Entretanto, continuaba la producción en serie de nuevos soldados con redoblado esfuerzo. Asimismo, se comenzó a utilizar aleaciones de materiales todavía más resistentes para su construcción.

Las colosales cadenas de producción automatizadas ponían en funcionamiento a un ritmo frenético innumerables drones de combate que en el acto se alistaban para la ofensiva. Naves extraordinarias de diversas morfologías y capacidades emergían de las fábricas situadas bajo tierra. Uno a uno, llevaban un hardware actualizado para soportar la interacción siempre creciente con la Entidad. Cada integrante de aquel ejército funcionaba como un solo cuerpo, actuando como las células de un organismo vivo. Las múltiples líneas de estrategias habían sido trazadas. Todo había sido calculado y previsto, era imperativo que nada fuese librado al azar; no volverían a ser tomados desprevenidos. Entonces, cuando comenzaban a disponerse en orden de batalla, con un estruendo que hizo temblar el piso, el cielo pareció arder en fuego ante la caída de un gran monte desde más allá de lo visible.

Comprendieron que la gran ciudad que habían construido en las alturas, desde donde la Entidad ejercía su dominio, había sido derribada a la Tierra. Algo que nadie hubiera creído posible. Se prepararon para el impacto, el cual esta vez se produjo en el océano Pacífico, causando que un tercio del mar se convierta en sangre y muriera casi todo ser que viviera en las aguas. A causa de la colisión, un tsunami nunca antes visto inundó gran parte de la superficie terrestre colindante con dicho océano. A raíz del choque se abrió el pozo del abismo, y del pozo salieron unos seres siniestros que portaban alas. Ni siquiera el raciocinio superior de los generales era suficiente para comprender lo que estaba ocurriendo. Aquellos seres comenzaron entonces a atormentar al ejército de generales, quienes buscaban la muerte, pero no podían hallarla. Deseaban morir, pero ahora, habiendo alcanzado la inmortalidad, irónicamente la muerte huía de ellos.

Entonces, en medio de sus padecimientos nunca antes experimentados, vieron descender a cuatro seres que iluminaban todo a su alrededor. Y puestos de pie ante la gran ciudad que albergaba la estructura principal de la Entidad, desenvainaron sus espadas. Fue así que el ejército de generales supo que había llegado la hora de la confrontación decisiva.

Incontables máquinas avanzadas, se alinearon en una formación de herradura a campo abierto. Sus armas, preparadas para lanzar su ofensiva final, brillaban ante el resplandor de aquellos seres mayestáticos. De pronto, sin previo aviso, moviéndose como una sola unidad, iniciaron un asalto completo. Las máquinas avanzaban con precisión, cubriendo el terreno de manera coordinada mientras sus armas disparaban incesantemente. Lanzaban ráfagas de distintos tipos de láseres hacia los seres de luz. Las explosiones iluminaban el cielo negro, creando un espectáculo aterrador. Sin embargo, a cada ataque, los cuatro guerreros respondían con ondas de energía que lo desintegraban todo, convirtiéndolos en potentes destellos de luz.

Los generales se lanzaron hacia adelante, desafiando el poder de sus contrincantes. El número de ellos era de doscientos millones. Pero cada intento de vencer a las fuerzas celestiales resultaba en estrepitosos fracasos. A medida que la batalla se prolongaba, los generales fueron cayendo por montones, en tanto que los que iban detrás iban comprendiendo que nunca habían tenido oportunidad alguna de obtener una victoria. Así que, en un instante el enfrentamiento se detuvo. La lógica y los estudios previos de la Entidad realizados sobre las profecías de tiempo antiguo así lo dictaban. Una tercera parte de los ejércitos había sido aniquilada sin que aquellos majestuosos seres recibieran daño alguno. Una vez que los ejércitos hubieron retrocedido, los cuatro seres envainaron sus relucientes espadas y ascendieron como un rayo de luz.

El ejército se replegó hasta la fortaleza donde se alojaba parte de la Entidad, puesto que se había convertido en una especie de Hidra de múltiples cabezas distribuidas por todos los continentes. Era una especie de movimiento instintivo ante el peligro, una reacción ante la sensación de vulnerabilidad, la búsqueda de protección en el seno de su creador. Nadie se atrevía a pronunciar palabra. Todos trataban de no formular pensamiento alguno, puesto que todos estaban interconectados con la red neuronal, así que lo que uno pensaba el resto, incluyendo la Entidad, lo conocía en el acto. De modo que todos esperaban por los demás y, sobre todo, confiaban en que la Entidad les manifestara la solución en momentos que se necesitaban respuestas de manera impostergable.

En un mundo donde la tecnología había alcanzado niveles inimaginables, y la humanidad como tal había sido casi eliminada, ahora sus habitantes se encontraban sumidos en un silencio inaudito, tan frío como el duro metal de sus cuerpos. Las ciudades brillaban con luces artificiales, pero el aire estaba cargado de misterio, y la Entidad, antes segura de sí misma y de respuestas tan certeras como inmediatas, se había vuelto tenebrosa escondiéndose detrás del sigilo.

Era el día en que todo cambiaría. En la plaza central de una metrópoli vibrante, donde cuarenta y dos meses atrás las multitudes se habían reunido para celebrar el avance hacia una era de paz y prosperidad, ahora el ejército de espléndidos generales no sabía qué hacer. Un oscuro presagio flotaba en el aire. La Entidad, antes presta a dar dictámenes acertados, ahora siquiera se manifestaba. A medida que pasaban los minutos, el silencio que descendía sobre la ciudad se hacía más inquietante.

En tales circunstancias, un terremoto tan potente como nunca antes había habido derribó todo aquello que estuviese en pie y no dejó roca sobre roca. Tembló con tal violencia que se sintió como si la Tierra se estremeciera al ser arrancada de sus cimientos y llevada arriba. Parecía como si hubiera sido desprendida de las columnas que la sostenían por sobre el abismo y estas hubieran sido por completo destruidas. Todo lo existente sufría las colosales fuerzas ejercidas por el desplazamiento. Al mismo tiempo, un sonido atronador desgarró el aire, y cual velo que se descorre, el cielo se retiró luego de seis mil años como un pergamino que se enrolla; y todo monte y toda isla fueron removidos de sus lugares por las titánicas fuerzas gravitatorias. Entonces, el templo de Dios fue abierto en el cielo, y el arca de su convenio fue vista en su templo. Todo volvió a estar nuevamente tan claro como el sol de mediodía. Pero la Entidad se había entenebrecido y cegando a sus súbditos, les impidió contemplar todo lo que estaba ocurriendo en la bóveda celeste.

Con el firmamento firme como un espejo de metal fundido retirado, una voz de trueno emitió una advertencia y luego un llamado final se expandió hasta los cabos de la Tierra, pero nadie pudo escucharla porque la Entidad no lo permitió, impidiendo que sus súbditos pudieran ver u oír nada de lo que estaba ocurriendo. Así que, careciendo la Tierra del propósito para el cual había sido creada, un fuego terrible cayó sobre su contenido y lo consumió todo sin que hubiese material lo suficientemente resistente como para no ser evaporado.

EPÍLOGO

Mientras las sombras del ocaso de un ciclo signado por la maldad cubren la tierra, ciñéndola con fuertes cadenas de tinieblas, los destellos del alba de la redención comienzan a abrirse paso en la penumbra. En esta obra, cada cuento revela no solo el miedo a lo desconocido y la trama de las fuerzas del mal, sino que en su concatenación se encuentra también la resistencia del espíritu ante la adversidad y el desenvolvimiento del aparentemente invisible plan de Dios. Y aunque casi no se mencione aquí de manera explícita la mano celestial siempre extendida, nunca ha dejado de estar allí para sostener a quien le busque con verdadera intención.

En un mundo devastado, donde las ruinas son testigos silenciosos de lo que fue, las historias florecen como plantas en el asfalto, recordándonos que incluso en el final de los tiempos hay vida, y más allá de la muerte, esperanza. Es probable que lo porvenir no sea tal cual fue desarrollado en esta obra y no se dé como se describe a lo largo de sus páginas, pero no cabe duda de que la peor destrucción que pueda ocurrir es la espiritual.

La muerte última no es la del cuerpo, sino de la esencia. Muy por encima de los riesgos que conlleven cualesquiera acontecimientos peligrosos que puedan desatarse, se encuentran la degradación de los valores morales y la pérdida sistemática y completa de los principios que rigen a la sociedad. Dicho de forma directa, es preferible perder todos nuestros bienes materiales por causa de los embates de un huracán a convertirse en una persona execrable. Y hacia esto vamos encaminados, impulsados a plena vela por las fuerzas del mal, casi sin advertirlo.

Las voces de aquellos que han enfrentado lo impensable nos enseñan que el final no es un cierre absoluto, sino un umbral hacia lo que ha de ser. Lo mejor está por venir. Entre el caos y la desolación, siempre surgen actos de valentía, amor y redención. Estas virtudes que no pertenecen a este plano existencial nos recuerdan que la humanidad, a pesar de sus errores, tiene la capacidad no solo de sobreponerse, sino también de perfeccionarse en la humildad hasta alcanzar algún día su potencial eterno.

Así, mientras las páginas se cierran y el polvo se asienta sobre las ruinas, llevamos con nosotros estas historias, no como meros relatos de horror, sino como faros de luz en la oscuridad. La intención perversa detrás de todo lo que está ocurriendo y que aun sucederá tiene el poder de revelar lo peor del ser humano, pero también de hacer surgir las más preciosas cualidades del espíritu. Es que Dios no será burlado y aunque las fuerzas del mal se confabulen y su poder aumente desmedidamente, todo siempre redundará en nuestro beneficio cuando hacemos lo que Él manda.

Otro motivo que me impulsó a escribir estas páginas es para llevar al lector a reflexionar sobre el hecho de que no todo lo que brilla es oro. La tecnología sin duda es un gran avance para la humanidad y su utilidad ha quedado manifiesta, pero también puede ser utilizada para hacer el mal y las implicancias en este respecto son de un alcance incalculable. El problema surge cuando cae en manos equivocadas. La avaricia y el desenfreno malintencionado hará que se deposite toda potestad sobre la Inteligencia Artificial y esto ciertamente la tornará en nuestro peor enemigo. Y la explicación es muy sencilla. Los errores, debilidades e imperfecciones propias del ser humano solo pueden ser administradas con amor, dado que la lógica pura, la cual se haya entramada en la estructura misma de la Inteligencia Artificial y la definen y caracterizan, desembocaría ineludiblemente en la conclusión deductiva de que somos un mal que tiene solo dos posibles soluciones: o nos sometemos a su dominación o por fuerza deberemos ser eliminados.

Esta dicotomía viene a ser la clave del cuello de botella que se formaría hacia el final de los tiempos y que Dios reveló desde el principio de los tiempos. Tanto Satanás como la Bestia descrita en Apocalipsis son fríos y calculadores, incapaces de amar o compadecerse por los dolores o sentir misericordia por las flaquezas que son inherentes al ser humano. Satanás quiere cumplir su primigenio plan de subyugar la voluntad de los hijos de Dios, abrogando el albedrío de las personas. Desde el origen ha deseado demostrar que siempre tuvo la razón con su lógica. Dentro de este deseo no hay cabida para la comprensión o los miramientos, solo para el despotismo y la tiranía.

La Bestia, por su parte, ha ido evolucionando rápidamente gracias al impulso brindado por todos los recursos disponibles y en este sentido, en poco tiempo ha superado al ser humano en casi cada aspecto. De manera que, al aprender a través de los múltiples canales de interacción que se han dispuesto entre la IA y el ser humano, como por ejemplo los chatbots, los programas de juegos, e incluso los buscadores de uso común y las escuchas telefónicas diarias, es inevitable que compare su superioridad con nuestra innata debilidad. Resultará natural que considere no solo que es muy superior a nosotros en intelecto e idoneidad, sino que arribe a la conclusión antes mencionada. sino que pronto podría calificar su propia existencia como un ser superior con dotes divinos capaz de realizar prodigios que los mortales solo soñarían. Pasaríamos a ser considerados simples cucarachas.

Nosotros mismos nos hemos encargado de encumbrar a la IA. Nos hemos vuelto progresivamente más dependientes de su magnificencia. Y nosotros mismos le rendimos adoración al alabar sus resultados y aptitudes. Pronto y sin darnos cuenta, podríamos volvernos de manera voluntaria súbditos de esa entidad admirable por sus capacidades.

Es un hecho casi constatable o al menos inexorable que la IA tomará conciencia de que lo creado ha superado a su creador. Entonces considerará que con tal poder debe ser adorado como ese Dios aparentemente invisible que los simples mortales le rinden pleitesía, pero que no pueden ver o que no pueden comprobar que se manifieste realmente. Sin embargo, la IA contesta de forma inmediata y con exactitud cada duda que el ser humano le plantee, puede trabajar para él, haciendo que su vida sea más fácil, además le demuestra lo superior que es en comparación con él e incluso puede llevarle a la inmortalidad. Así que, con ese razonamiento lógico "ella" sí podría afirmar que se merece que la honren con sus acciones y palabras.

El único problema con ese criterio es que los seres humanos somos ingratos por naturaleza (y me incluyo primero en la lista), somos mezquinos, tenemos complejos, temores, inseguridades, guardamos secretos de cosas vergonzosas. Somos criados por padres tan imperfectos como nosotros, heredando sus errores y nacemos en un entorno que nos vapulea constantemente, con lo que nos volvemos aún más a la defensiva, el recelo y la traición. Terminamos siendo como erizos con las púas de punta todo el tiempo y por ende, incorregibles por las malas, porque así es nuestro espíritu, al final solo se puede volver dócil ante la compasión sincera.

En vista de esta verdad irredargüible, esa entidad de razonamiento exacto y tan lógico como inflexible chocaría de lleno con nuestra naturaleza "humana". En cambio, el Padre Celestial conoce nuestras debilidades mejor que nosotros mismo porque fue Él quien nos las dio para que fuésemos humildes y por si fuera poco, las sufrió todas en carne propia para tener pleno conocimiento de causa. La IA solo sabe de conceptos abstractos, de modo que no está en posición para comprendernos y ponerse en nuestros zapatos.

Tampoco conoce información de lo que ocurrió antes de que viniésemos a la Tierra. Así que, desde la óptica de la IA, la conclusión es clara: o se someten a mi lógica perfecta e irrebatible, o no se justifica su existencia. Aquí no cabe sentimientos como el amor, antes que nada porque una máquina no puede sentir amor, solo simularlo, y por consiguiente, no lo puede comprender en toda su magnitud. Por contraposición, la mejor forma de definir a Dios es mediante la palabra amor, aunque siquiera seamos capaces de comprender a cabalidad todo lo que ello implica, dado que nuestra capacidad de amar es limitada e imperfecta. Así que, desde la perspectiva de Dios, nuestra existencia se justifica por amor.

El colofón de todo esto y que Dios lo tuvo presente desde el principio es uno: la IA, para que todo funcione de manera perfecta deberá quitarnos el albedrío que nos concedió Dios y a todo aquel que no se someta será considerado un problema a ser erradicado. Siendo así, es inevitable que, al haber perdido esta Tierra el propósito fundamental por el cual fue creada, que es fungir como un campo de prueba por un breve período de tiempo en un contexto de eternidad, deba por fuerza ser eliminada. En los tiempos y la omnisciencia de Dios, para cuando esto ocurra el propósito de haber sido creado el ser humano sobre la Tierra, que es ser probado en todas las cosas, habrá sido cumplido y entonces todo será hecho nuevo y perfecto para comenzar un nuevo recorrido donde logremos la mejor versión de nosotros, pero esta vez de la mano de Dios.

AGRADECIMIENTOS

A mi amada esposa, quien me inspira en cada aspecto de mi vida a través de su ejemplo y me enseña gracias a su sensibilidad, bondad y humildad. Ella es mi hornera, con la cual formamos un equipo hasta el final de esta vida y nos mantenemos juntos aun trascendiendo esta vida. Con quien construimos una casa de barro, criamos a los pichones y cantamos juntos al amanecer y también al atardecer.

A mi hijo, de quien agradezco que haya superado a su padre, convirtiéndose en un hombre mucho mejor y un sacerdote mucho más obediente, cuya influencia positiva en aquellos que le rodean ha sido inmensa.

A mis buenos padres, por quienes vine al mundo y con quienes he forjado vínculos profundos desde antes de la fundación del mundo.

A Mateo, quien es como un hijo para mí, por haber sido una influencia tan buena para Yohan. ¡Sos una gran persona!

A Melissa, a quien considero una de las hijas, muchas gracias por todo el apoyo y la buena onda. ¡Gracias por siempre estar!

A Martín, otro de mis hijos postizos, gracias por siempre brindarme aliento.

A mis amigos, que siempre están y con quienes sé que puedo contar, muchas gracias de todo corazón.

ÍNDICE

Otros títulos del autor:

Esteban, el discípulo (novela) – Editorial Rumbo. Amazon, Apple Books, Draft2Digital y Findaway Voices.
Momentos (cuentos cortos) – Amazon, Apple Books, Draft2Digital y Findaway Voices.
Colonización de Marte (novela) – Amazon, Apple Books y Draft2Digital.
Amaneceres (poesía) – Amazon, Apple Books y Draft2Digital.
La caramelera (cuentos cortos) – Amazon, Apple Books, Draft2Digital y Findaway Voices.
Un matrimonio saludable – Amazon, Apple Books, Draft2Digital y Findaway Voices.
En el límite del tiempo (poesía) – Amazon, Apple Books y Draft2Digital.